인생이 즐거워지고 비즈니스가 풍요로워지는
디지털콘텐츠그룹 교육 소개

KB237957

디지털콘텐츠그룹은 2010년 4월 SNS소통연구소로 출발한 전문 교육기관으로, AI와 디지털복지를 기반으로 한 실무 중심 교육을 운영하고 있습니다.
스마트폰, SNS 마케팅, 유튜브 등 디지털 전환 시대에 필요한 교육을 누구나 쉽게 배우고 바로 활용할 수 있도록 제공하고 있습니다. 또한 AI 챗GPT와 디지털복지사 등 전문 자격 과정을 통해 약 6,000여 명의 디지털 전문 강사를 양성했으며, 전국 55개 지부·지국을 중심으로 지역사회 맞춤형 공공·민간 교육을 진행하고 있습니다.

● **스마트폰 활용지도사 2급 및 1급**
스마트폰 기본 활용부터 스마트폰 UCC, 스마트폰 카메라, 스마트워크, 스마트폰 마케팅 교육 등 스마트폰 전문 강사를 양성하고 있습니다.

● **디지털문해교육전문지도사 2급 및 1급**
초등학교부터 대기업 임원을 포함한 퇴직 예정자들까지 디지털 기술 활용에 대한 교육을 진행할 수 있도록 디지털문해교육 전문지도사가 교육하고 있습니다.

● **디지털범죄예방전문지도사 2급 및 1급**
4차 산업혁명시대! 디지털리터러시 시대에 청소년부터 성인들에게 이르기까지 각종 디지털범죄로 인해 입을 피해를 방지하고자 교육합니다.

● **디지털과의존예방전문지도사 2급 및 1급**
디지털 과의존의 원인부터 예방·대응까지 체계적으로 이해하고, 디지털 윤리와 건강한 사용 문화를 확산하며 현장에서 바로 적용하는 실천형 지도 역량을 갖춘 전문 강사 과정입니다.

● **액티브시니어AI리터러시전문가 2급 및 1급**
시니어 맞춤형 AI 교육 설계와 실천적 지도 역량을 겸비하여 그들의 디지털 자립을 돕는 전문 강사 과정입니다.

● **AI챗GPT전문지도사 2급 및 1급**
디지털 대전환 시대에 누구나 익혀야 할 ChatGPT 활용 역량을 바탕으로, 각 분야에 적용 가능한 AI 실무 교육을 수행하는 전문 강사 양성 과정입니다.

● **AI마케팅전문지도사 2급 및 1급**
AI 기반 아이디에이션과 비즈니스 프레임워크를 활용해 기업의 마케팅 전략을 설계하고, 매출 증대로 연결하는 실전형 마케팅 전문 강사 양성 과정입니다.

● **유튜브 크리에이터전문지도사 2급 및 1급**
유튜브 기본 활용부터 실전 유튜브 마케팅까지 실질적으로 도움이 되고 돈이 되는 교육을 실시하고 있습니다.

● **SNS마케팅전문지도사 2급 및 1급**
다양한 SNS채널을 활용해서 고객을 유혹하고 매출을 증대시킬 수 있는 실전 노하우와 SNS마케팅 효과를 극대화하기 위한 광고 전략을 구축할 수 있는 노하우에 대해서 교육을 진행하고 있습니다.

교육 문의 Tel. 02-747-3265 / 010-9967-6654 이메일 : snsforyou@gmail.com

대한민국 국민 5,168만 명!
스마트폰 개통대수 5,693만 대!

이번에 출간하는 책은 17년 동안 뉴미디어 마케팅 교육(스마트폰, SNS마케팅 등)을 해오고 있는 ㈜디지털콘텐츠그룹에서 액티브 시니어 • 실버 세대가 더욱 즐겁고 편리하게 스마트폰을 활용할 수 있도록, 시니어 눈높이에 맞춰 보기 쉽게 제작한 책입니다.

책 크기도 A4 크기이고 글자 크기도 12포인트로 제작하여 액티브 시니어 • 실버 분들이 책을 보는 데 있어 매우 편하게 되어 있습니다.

㈜디지털콘텐츠그룹은 17년 동안 액티브 시니어 • 실버들에게 스마트폰 활용 교육을 하면서 꼭 필요한 스마트폰 활용 기능이 무엇인지 누구보다도 잘 알고 있습니다.

따라서 ㈜디지털콘텐츠그룹에서 발행한 이 책은 스마트폰 활용을 잘 못하시는 시니어 실버 분들에게 훌륭한 스마트폰 기본 활용의 지침서가 될 것입니다.

'어르신들을 위한 스마트폰 기초 교실' 편에서는 스마트폰 기본 활용, 카메라 활용, 인공지능 서비스, 유튜브 활용, 키오스크 활용, 디지털 범죄, AI 챗GPT활용 등에 대해서 다루고 있습니다.

전국에서 스마트폰 활용 교육을 하고 계시는 스마트폰 강사님들도 이 책을 스마트폰 활용 교육 시 교재로 사용하시면 강사님과 수강생분들에게 많은 도움이 되실 거라 자부합니다.

㈜디지털콘텐츠그룹은 2010년도부터 스마트폰 활용 교육을 전문적으로 해오고 있습니다. 스마트폰 교육 전문가를 양성하기 위해서 국내 최초로 스마트폰 강사 자격증인 **[스마트폰 활용지도사]** 교육을 통해 현재까지 6,000명 이상 되는 분들을 양성했습니다.

자격을 취득하고 훈련을 통해 전문가로 거듭난 **[스마트폰 활용지도사]** 선생님들은 전국 각 기관 및 단체에서 왕성히 활동하고 있습니다.

이번 책 구성도 전국에서 강의하는 스마트폰 활용지도사 선생님들의 교육 커리큘럼을 참고해서 탄생하게 된 것입니다.

필요로 하는 전부를 담아내지는 못했지만 그래도 이번 책을 통해 스마트폰 활용 교육 강사님들이나 수강생들 모두에게 도움이 되었으면 좋겠습니다.

㈜디지털콘텐츠그룹이 항상 강조하고 있는 **"스마트폰 제대로 배우고 익히면 인생이 즐거워지고 비즈니스가 풍요로워집니다!"**를 대한민국 국민 모두가 공감하고 스마트폰 활용을 제대로 하셨으면 하는 바람이 간절합니다.

국내 최초! 국내 최고!
스마트폰 강사 자격증

● **스마트폰 활용지도사 자격증에 대해서 아시나요?**
과학기술정보통신부가 검증하고 한국직업능력개발원이 관리하는 스마트폰 자격증 취득에 관심 있으신 분들은 살펴보세요.

상담 문의
이종구 010-9967-6654
E-mail : snsforyou@gmail.com
카톡 ID : snsforyou

스마트폰 활용지도사 1급

● **해당 등급의 직무내용**
초/중/고/대학생 및 성인 남녀노소 누구에게나 스마트폰 활용 및 SNS 기본 교육을 실시할 수 있습니다. 또한 개인이나 소기업이 브랜드 전략을 구축하는 데 필요한 모바일 마케팅 전략 수립교육도 수행할 수 있으며, 특히 적은 비용으로 효과적인 브랜딩과 마케팅을 실현할 수 있는 실무 중심의 교육을 진행할 수 있습니다.

스마트폰 활용지도사 2급

● **해당 등급의 직무내용**
시니어 실버분들에게 스마트폰 활용교육을 실시할 수 있습니다. 개인 및 소기업이 모바일 마케팅 전략을 수립하는 데 필요한 기초 교육을 제공하며, 1인 기업이나 소기업이 스마트 워크 시스템을 구축할 수 있도록 기초적인 제반 사항을 안내하고 교육할 수 있습니다.

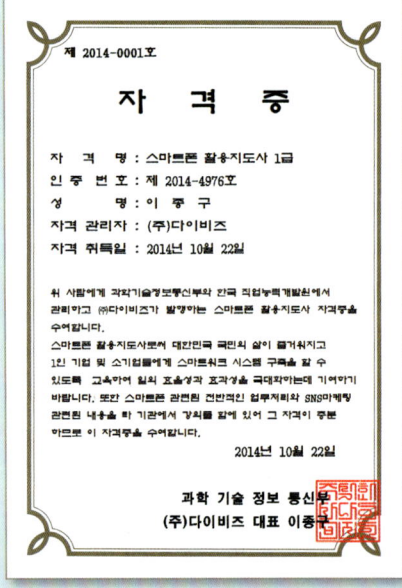

제 2014-0001호

자 격 증

자 격 명 : 스마트폰 활용지도사 1급
인 증 번 호 : 제 2014-4976호
성 명 : 이 종 구
자격 관리자 : ㈜다이비즈
자격 취득일 : 2014년 10월 22일

위 사람에게 과학기술정보통신부와 한국 직업능력개발원에서 관리하고 ㈜다이비즈가 발행하는 스마트폰 활용지도사 자격증을 수여합니다.
스마트폰 활용지도사로서 대한민국 국민의 삶이 즐거워지고 1인 기업 및 소기업들에게 스마트워크 시스템 구축을 할 수 있도록 교육하여 일자 효율성과 효과성을 극대화하는데 기여하기 바랍니다. 또한 스마트폰 관련의 전반적인 업무처리와 SNS마케팅 관련된 내용을 이 기관에서 강의를 맡아 있어 그 자격이 충분하므로 이 자격증을 수여합니다.

2014년 10월 22일

과학 기술 정보 통신부
㈜다이비즈 대표 이종구

시험 응시료 : 3만원
자격증 발급비 : 7만원

● 종이 자격증 및 우단 케이스 제공
● 스마트폰 활용지도사 강의자료 제공비 포함

● **시험 일시** : 매월 둘째 주, 넷째 주 일요일 5시부터 6시까지 1시간
● **시험 과목** : 2급 – 스마트폰 활용 분야 / 1급 – 스마트폰 SNS마케팅
● **합격점수**
1급 – 80점 이상(총 50문제 각 2점씩, 100점 만점에 80점 이상)
2급 – 80점 이상(총 50문제 각 2점씩, 100점 만점에 80점 이상)

시험대비 공부방법
❶ 스마트폰 활용지도사 2급 교재 구입 후 공부하기
❷ 정규수업 참여해서 공부하기
❸ 유튜브에서 [스마트폰 활용지도사] 채널 검색 후 관련 영상 시청하기

시험대비 교육일정
❶ 매월 정규 교육을 디지털콘텐츠그룹 전국 지부에서 실시하고 있습니다.
❷ 스마트폰 활용지도사 **디지털콘텐츠그룹 블로그** (blog.naver.com/urisesang71) 참고하기
❸ 디지털콘텐츠그룹 사이트 참조(digitalcontentgroup.com)
❹ NAVER 검색창에 (디지털콘텐츠그룹)이라고 검색하세요!

스마트폰 활용지도사 자격증 취득 시 혜택
❶ 디지털콘텐츠평생교육원 스마트폰 활용 교육 강사 위촉
❷ 디지털콘텐츠그룹 스마트폰 활용 교육 강사 위촉
❸ 스마트 소통 봉사단에서 교육받을 수 있는 자격부여
❹ SNS 및 스마트폰 관련 자료 공유
❺ 매월 1회 세미나 참여 (정보공유가 목적)
❻ 향후 일정 수준이 도달하면 기업체 및 단체 출강 가능
❼ 매년 상반기 하반기 전국 워크샵 참여 가능
❽ 그 외 다양한 혜택 수여

디지털콘텐츠그룹 주요 사업 콘텐츠

디지털 콘텐츠 및 마케팅 교육 (일반 교육 및 자격증 교육 포함)

- 스마트폰활용지도사
- 디지털문해교육전문지도사
- 디지털범죄예방전문지도사
- 디지털과의존예방전문지도사
- 유튜브 크리에이터전문지도사
- SNS마케팅전문지도사

- 스토리북마스터
- 프리젠테이션전문지도사
- 스마트워크전문지도사
- 액티브시니어AI리터러시전문가
- AI챗GPT전문지도사
- AI마케팅전문지도사

　※이 외 다양한 디지털 콘텐츠 분야 교육 가능

 디지털콘텐츠그룹 지부 및 지국 활성화

- 2010년 4월부터 교육을 시작한 디지털콘텐츠그룹은
  현재 전국에 55개의 지부 및 지국을 운영 중

 스마트폰 활용지도사
(국내 최초! 국내 최고!)

- 2014년 10월 스마트폰 활용지도사 민간 자격증 취득
- 2급과 1급 과정을 운영 중이며 현재 6,000여 명 이상 지도사 양성

 실전에 필요한 전문 교육
(다양한 분야 실전 교육 중심)

- 일반 강사들과 기업에도 꼭 필요한 전문 교육을 실시함
  (SNS마케팅, 스마트워크, 프리젠테이션, AI 교육 등)

디지털콘텐츠그룹 출판사

- 2011년 11월부터 'SNS소통연구소'를 시작으로 출판사 운영
- 스마트폰 활용 및 SNS마케팅 관련된 책 65권 출판
- 강사와 수강생들에게 꼭 필요한 다양한 분야의 책 출간 중

 교육 문의

(주)디지털콘텐츠그룹 (직통전화)
02-747-3265 / 010-9967-6654

디지털복지사, 사람과 기술을 잇다

한눈에 보는 디지털복지사 3급·2급·1급 완벽 정리

디지털복지사는 디지털 격차 해소와 정보 소외계층 지원을 위해 등장한 새로운 전문 직업입니다.
이 자격증은 3급(입문형), 2급(실무형), 1급(전문가형)으로 구성되어 있으며,
단계별로 교육 내용과 역할이 달라져 디지털 복지 전문가로 성장할 수 있도록 구성되어 있습니다.

1 디지털복지사 단계별 가이드

구분	대상	교육 내용 및 역량	진출 분야
3급 (입문형)	디지털 기기 사용이 익숙하지 않은 시니어, 복지관 활동가, 디지털 초보자	스마트폰·앱 기초, 인터넷 검색, 개인정보 보호, 디지털 문해력 향상	시니어 교육 초급 강사, 복지센터 실무자, 지역 봉사단
2급 (실무형)	평생교육·복지·지자체·기업 현장 실무자 및 강사	SNS 마케팅, 스마트워크, 교육 콘텐츠 제작, 디지털 범죄 예방	평생교육센터, 복지관, 기업 디지털 강사, 컨설팅
1급 (전문가형)	공공기관 교육운영자, 교육기획자, 정책입안자, 디지털 컨설턴트	AI·챗GPT 활용, 데이터 분석, 정책 설계, 고급 컨설팅	공공기관 위탁교육, 정책기획, 고급 컨설팅, 기업연수

• 각 급수는 실무 중심의 교육과 평가를 통해 현장에 즉시 투입 가능한 실전형 전문가를 양성합니다.
• 3급은 기초 역량, 2급은 실무 및 응용, 1급은 정책 설계와 고급 컨설팅까지 단계적으로 전문성을 강화합니다.

2 디지털복지사의 주요 역할과 역량

디지털 교육
취약계층 대상 맞춤형 디지털 역량 교육

디지털 지원
서비스 접근성과 생활기술 지원

세대 연결
세대 간 소통 및 소외감 해소

정책 제안
데이터 기반 정책 개발 및 제도 개선

3 디지털복지사와 전통 사회복지사의 차이

구분	디지털복지사	전통 사회복지사
핵심 초점	기술 기반 복지, 디지털 격차 해소 전문	종합적 생활지원, 상담, 자원 연계
교육/실습	디지털 기술·AI 실습 교육 및 데이터 분석 전문	상담·지원·서비스 연계 중심
활동 영역	공공·민간·기업 전방위 활동, 글로벌 확장 가능	복지관, 시설, 공공기관 등 제도권 중심
사회적 역할	세대 연결 강화, 디지털 포용성 증진	대인관계 중심, 전통적 복지서비스 제공

디지털복지사는 단순히 기술을 가르치는 것을 넘어, 기술과 사람을 연결하고, 정보 소외계층의 자립을 돕는 '테크 기반 복지 전문가' 입니다. 반면, **사회복지사**는 심리·정서적 지원과 자원 연계에 더 중점을 둡니다.

4 미래 사회에서 디지털복지사의 중요성과 전망

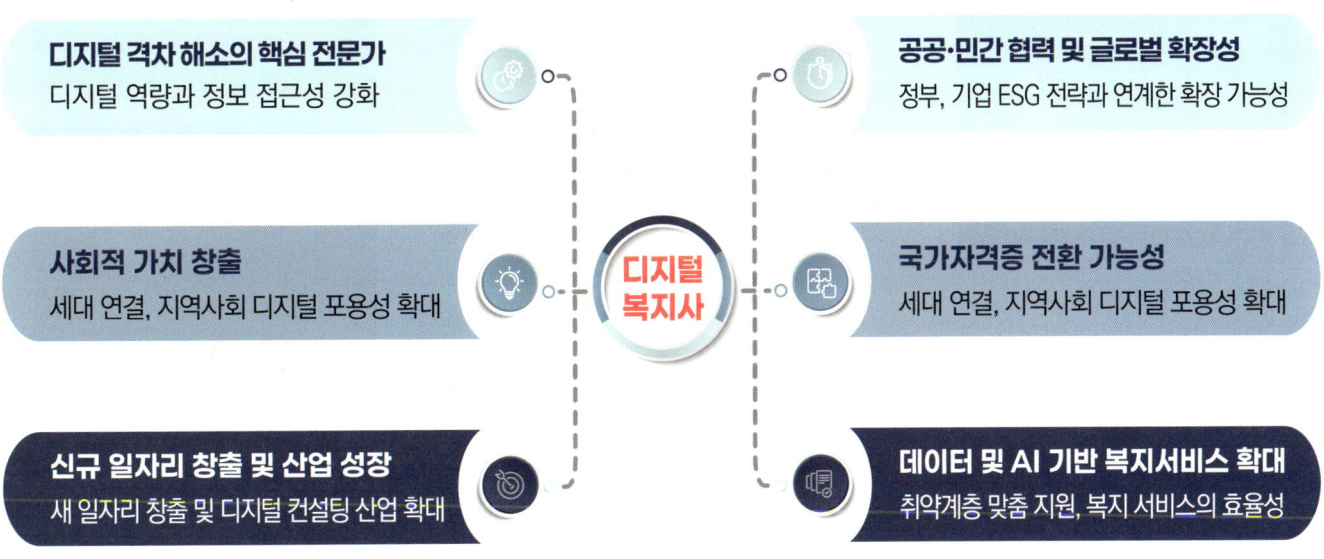

디지털 격차 해소의 핵심 전문가
디지털 역량과 정보 접근성 강화

공공·민간 협력 및 글로벌 확장성
정부, 기업 ESG 전략과 연계한 확장 가능성

사회적 가치 창출
세대 연결, 지역사회 디지털 포용성 확대

디지털 복지사

국가자격증 전환 가능성
세대 연결, 지역사회 디지털 포용성 확대

신규 일자리 창출 및 산업 성장
새 일자리 창출 및 디지털 컨설팅 산업 확대

데이터 및 AI 기반 복지서비스 확대
취약계층 맞춤 지원, 복지 서비스의 효율성

문의 (주)디지털콘텐츠그룹 | 서울시 종로구 대학로12길 63 | Tel. **02-747-3265**

민간자격 등록번호:
제 2025-003089호

스마트폰 교육의 정석(2025 개정판)
스마트폰 활용지도사 2급 교재

SNS마케팅 교육 전문가 양성 과정 책
스마트폰 활용지도사 1급 교재

부모님을 위한 스마트폰 교과서(2026)
스마트폰 기본, UCC, 디지털 범죄예방
AI 챗 GPT 활용까지

**스마트폰 하나면
나도 유튜브 크리에이터다**
유튜브크리에이터전문지도사 2급 교재

스마트폰 하나면 나도 사진작가다
스마트폰 카메라 기초부터 활용까지

부모님을 위한 AI교과서
초보자를 위한 AI 입문서

 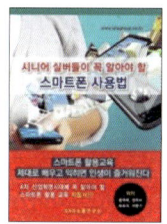     

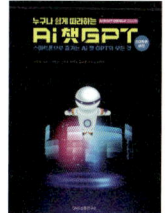   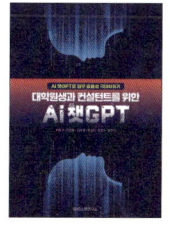  

디지털콘텐츠그룹
전국 지부 및 지국 현황

서울 (지부장-이종구)	강남구 (지국장-최영하)	강동구 (지국장-윤진숙)	강북구 (지국장-백세균)	강서구 (지국장-문정임)	관악구 (지국장-손희주)
	광진구 (지국장-최혁희)	금천구 (지국장-김명선)	동작구 (지국장-최상국)	마포구 (지국장-김용금)	서초구 (지국장-조유진)
	송파구 (지국장-문윤영)	양천구 (지국장-송지열)	영등포구 (지국장-김은정)	중구 (지국장-유화순)	종로구 (지국장-조선아)

경기북부 (지부장-이종구)	의정부 (지국장-한경희)	양주시 (지국장-오지성)	동두천/포천 (지국장-김상기)	남양주시 (지국장-정덕모)	고양시 (지국장-백종우)

경기동부 (지부장-이종구)	성남시 (지국장-김지태)	경기서부 (지부장-이종구)	시흥시 (지국장-윤정인)	부천시 (지국장-김남심)	안산시 (지국장-권택현)

경기남부 (지부장-이종구)	이천/여주 (지국장-김찬곤)	화성시 (지국장-한금화)		강원도 (지부장-장해영)	강릉시 (지국장-임선강)

인천광역시 (지부장-이종구)	서구 (지국장-어현경)	부평구 (지국장-최신만)	중구 (지국장-조미영)	계양구 (지국장-전혜정)	연수구 (지국장-조예윤)

충청남도 (지부장-김은경)	청양/아산 (지국장-김경태)	금산/논산 (지국장-부성아)	천안시 (지국장-김숙)	홍성/예산 (지국장-김월선)

대구광역시 (지부장-임진영)	수성구 (지국장-도윤서)	경상북도 (지부장-남호정)	고령군 (지국장-김은숙)	경주 (지국장-박은숙)

광주광역시 (지부장-이종구)	북구 (지국장-김인숙)	울산광역시 (지부장-김상덕)	동구 (지국장-김상수)	남구 (지국장-박인완)	중구 (지국장-장동희)	북구 (지국장-이성일)

부산광역시 (지부장-손미연)	사상구 (지국장-박소순)	해운대구 (지국장-배재기)	기장군 (지국장-배재기)	연제구 (지국장-조환철)	부산진구 (지국장-김채완)	북구 (지국장-황연주)

목차 **Contents**

Contents

목차

01강 **스마트폰**이란?

1 스마트폰(SmartPhone)

1) 스마트폰이란?

손안의 PC(모바일 PC)로 시간과 공간의 제약 없는 지능형 스마트폰은 휴대폰 기능은 물론 TV, 동영상 제작, 카메라, 팩스, 캠코더, MP3 기능까지 갖추고 있어 '다기능 지능형 복합 단말기'라고도 불립니다. 최근에는 AI 기능에 사물 인식 기능, 번역은 물론 다양한 앱을 통해서 비즈니스에도 상용되고 있습니다.

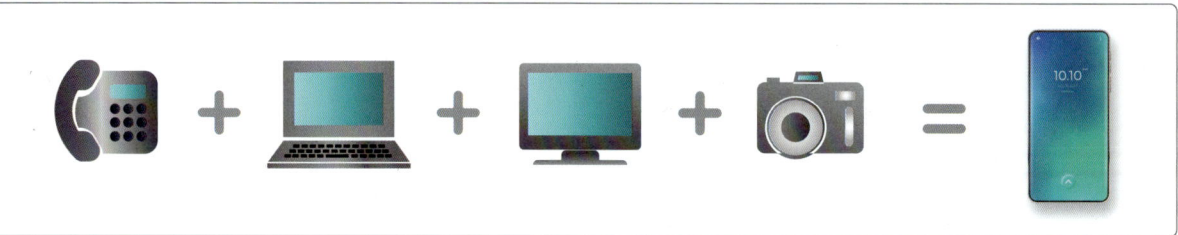

2) 컴퓨터 [운영체제]와 비슷한 모바일 [운영체제]가 설치되어 있으며, 다양한 프로그램 [애플리케이션]을 설치하여 사용할 수 있습니다.

※ [운영체제] : 컴퓨터의 하드웨어(기기)와 소프트웨어(프로그램)를 제어하여 사용자가 컴퓨터를 쓸 수 있게 만들어 주는 프로그램

※ [애플리케이션] : 앱 또는 어플이라고 말하기도 한다. 스마트폰이나 컴퓨터에서 특정한 기능을 사용할 수 있도록 만들어진 프로그램

3) 전화와 문자는 기본이고 음악, 카메라, 인터넷, 게임, 채팅, 사진, 영상, 메일, 날씨, 지도, 내비게이션, 일정표, 파일 공유 등 인공지능 음성 서비스까지 수 많은 기능을 사용할 수 있습니다.

2 스마트폰의 특징

1) 크기가 작아 휴대하기 편합니다.

2) 사용법이 간단합니다.

3) 언제 어디서나 인터넷을 연결할 수 있습니다.

4) 와이파이(Wi-Fi)를 사용하여 무료로 인터넷을 사용할 수 있습니다.

5) 생활에 편리한 프로그램이 많아서 유용합니다.

6) 각자 분야에 맞는 앱을 사용하여 일상의 활용도가 높습니다.

7) 다양한 앱을 설치하고 삭제하기가 쉽습니다.

8) 화면구성을 원하는 대로 설정할 수 있습니다.

9) 데이터 사용량이 제한된 용량을 초과할 경우 추가 비용을 부담해야 합니다.

10) 다양한 센서 기술(카메라, 가속도 센서, GPS, 조도 센서, 근접 센서 등 운영체제 및 앱을 쉽고 빠르게 업데이트할 수 있습니다.

02강 스마트폰 **운영체제, 제조사, 통신사, 디바이스 정보 알아보기**

1 스마트폰의 운영체제 종류

종류	개발사	사용	점유율 (2021년 기준)
안드로이드(Android)	구글	삼성, LG	72.19%
IOS	애플	아이폰과 아이패드	26.99%
윈도우 모바일 OS	MS(마이크로소프트)	MS의 윈도우폰	0.02%

2 제조사와 통신사 알아보기

① **제조사 :** 삼성, 애플, 샤오미, 화웨이 등(삼성전자 서비스: 1588-3366)

② **통신사 :** SKT(SK텔레콤), KT, LG U+

3 본인 기기 알아보기

① 제조사 :   ② 통신사(요금제) :   ③ 디바이스(기기) 이름 :   ④ 모델번호 :

⑤ 시리얼번호 :   ⑥ IMEI :   ⑦ 안드로이드버전 :

4 디바이스 정보 – 모델명, 모델번호, IMEI 번호, 안드로이드 버전 찾아보기

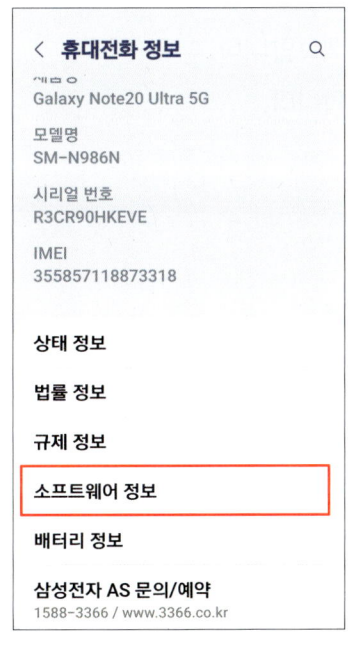

1 [상태 알림 줄]을 아래로 드래그한 후 [설정 ⚙]을 터치합니다.

2 설정 화면 맨 하단의 [휴대전화 정보]를 터치합니다. 3 [모델명], [모델번호]를 확인합니다.

[IMEI] 번호는 고유 일련번호로 분실, 도난 단말기 조회, 알뜰폰 번호이동 가입 시 필요합니다.

분실 시 통신사 고객센터에서 IMEI 번호를 알려주고 본인 인증을 하면 위치 추적으로 스마트폰을 찾을 수 있습니다.

 [휴대전화 정보]의 [소프트웨어 정보]를 터치합니다.

 [One UI 버전]과 [안드로이드 버전]을 확인합니다. 최신 애플리케이션을 이용하고 편의성과 보안의 강화를 위해서는 업그레이드를 꼭 해야 합니다.

03강 스마트폰 **화면 및 전원 켜고 끄기**

1 화면 켜기 / 끄기

1) 화면 켜기 : [홈] 버튼 또는 [측면] 버튼을 짧게 터치합니다.

① **잠금 미설정 시 :** 화면을 드래그합니다.

② **잠금 설정 시 :** 잠금을 해제합니다.

③ 화면을 두 번 터치합니다.

2) 화면 끄기

① [측면] 버튼을 짧게 누릅니다.

② 화면을 두 번 터치합니다.

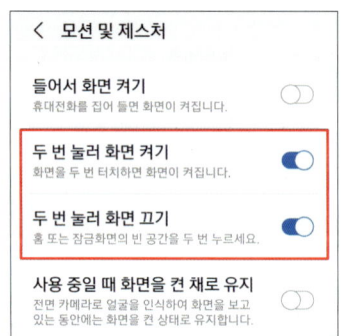

● **화면 두 번 터치 설정 :** 설정 → 유용한 기능 → 모션 및 제스처 → 두 번 눌러 화면 켜기, 두 번 눌러 화면 끄기 ON (활성화)

2 전원 켜기

: [측면] 버튼을 몇 초간 길게 누릅니다.

③ 전원 끄기

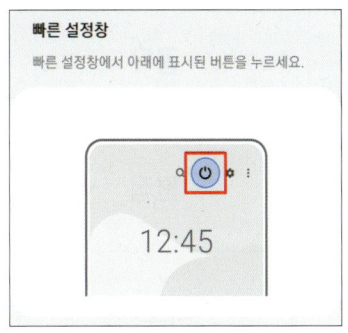

빠른 설정창

빠른 설정창에서 아래에 표시된 버튼을 누르세요.

12:45

[상태 표시줄]을 두 번 내리면
[전원] 버튼이 나옵니다.

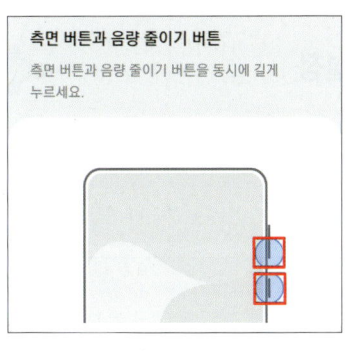

측면 버튼과 음량 줄이기 버튼

측면 버튼과 음량 줄이기 버튼을 동시에 길게
누르세요.

[측면 버튼]을 꾸욱 누르거나
[음량 줄이기 버튼]과 [측면 버튼]을
동시에 길게 누릅니다.

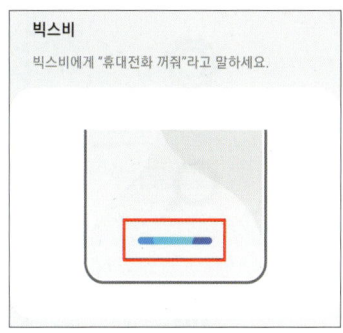

빅스비

빅스비에게 "휴대전화 꺼줘"라고 말하세요.

[빅스비]가 활성화되어
있으면 ["휴대전화 꺼줘"]
라고 말을 합니다.

④ 다시 시작 (또는 재시작)

: [전원] 버튼을 길게 누르고 [다시 시작] 또는 [재시작]을 터치합니다.

04강 스마트폰 주요 버튼과 아이콘 모양 이해하기

① 홈화면 하단 주요 버튼 아이콘

최근 실행 앱   홈   취소

② 주요 버튼 기능

※ 스마트폰 기종에 따라 모양이나 위치가 다를 수 있습니다.

버튼		기능
▮	측면 버튼	• 길게 누르면 전원을 켜거나 끔 • 짧게 누르면 화면이 켜지거나 잠김
|||	최근 실행 앱	• 터치하면 최근 실행한 앱 목록이 표시됨. 목록에서 원하는 앱을 터치하면 해당 앱으로 전환되며, 앱 카드를 위로 스크롤하면 개별 앱을 닫을 수 있다. 하단의 [모두 닫기]를 터치하면 실행 중인 앱이 모두 종료됨
⋮	메뉴	• 터치하면 현재 화면에서 사용 가능한 메뉴가 나타남
◯	홈	• 터치하면 홈 화면이 실행 (길게 누르면 구글어시스턴트가 실행되기도 한다.)
⟨ ↩	취소	• 짧게 터치하면 이전 화면으로 전환

3 주요 아이콘

⚙	설정	⋖	공유
🔍	검색	✏	편집
🗑	삭제	∘∘∘	더보기
⋮ ☰	메뉴	⤓	저장
★	즐겨찾기	🔗	링크

CHECK 리스트

1등 비서! 스마트폰 제대로 활용하기

스마트폰 **각 부분의 명칭 알아보기**

※ 스마트폰 기종이나 출시한 통신사에 따라 다를 수 있습니다. (삼성 갤럭시 S21+ 기준)

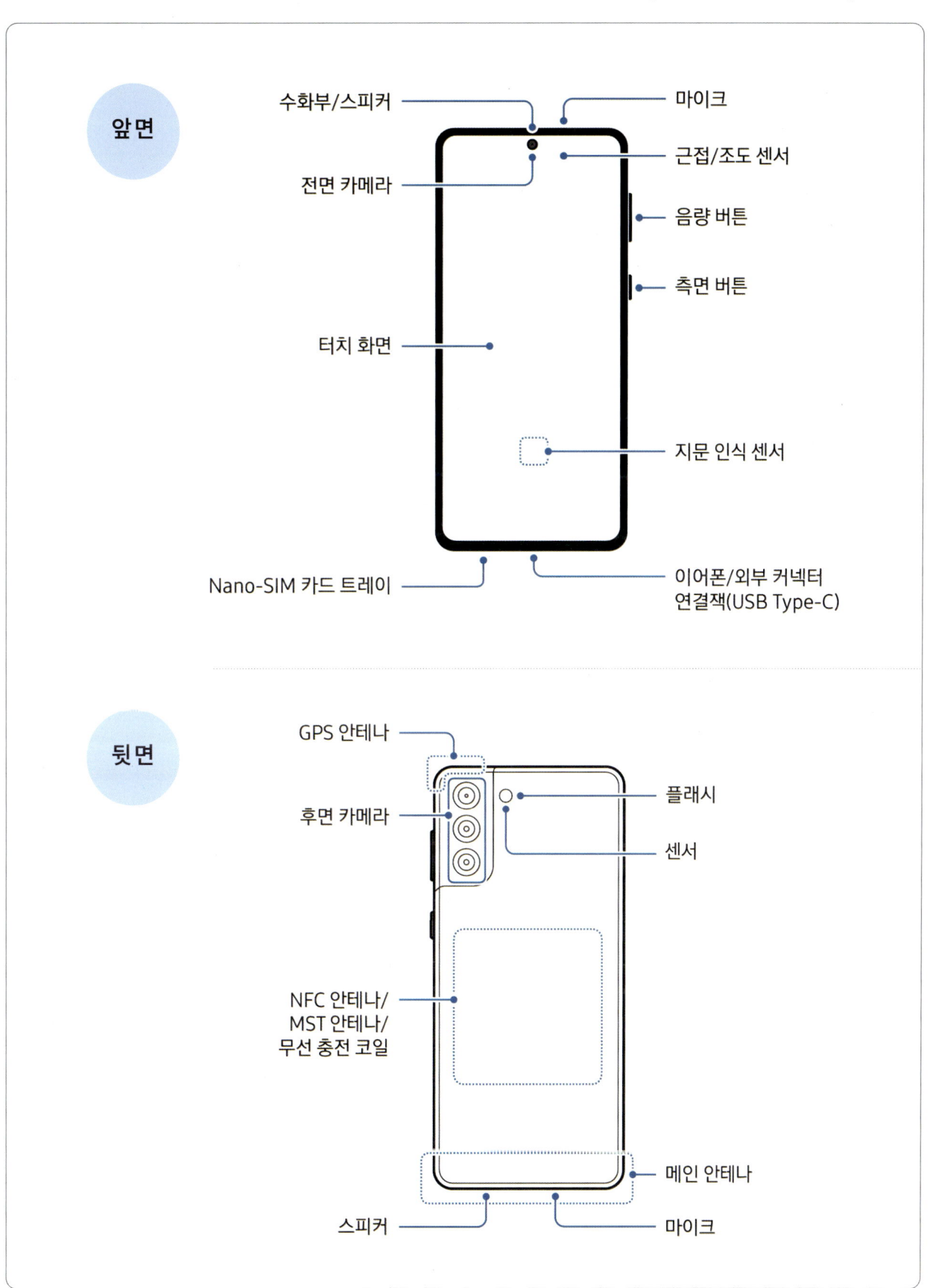

앞면
- 수화부/스피커
- 전면 카메라
- 터치 화면
- Nano-SIM 카드 트레이
- 마이크
- 근접/조도 센서
- 음량 버튼
- 측면 버튼
- 지문 인식 센서
- 이어폰/외부 커넥터 연결잭(USB Type-C)

뒷면
- GPS 안테나
- 후면 카메라
- NFC 안테나/ MST 안테나/ 무선 충전 코일
- 스피커
- 플래시
- 센서
- 메인 안테나
- 마이크

스마트폰 제대로 배우고 익히면 인생이 즐거워집니다!

06강 스마트폰 **조작 방법 알아보기**

1) 터치, 탭 누르기

① 스마트폰 화면을 가볍고 짧게 눌렀다 떼는 작업입니다.

② 앱을 실행하거나 메뉴 선택 등에 사용합니다.

③ 키보드를 이용해서 문자를 입력할 때는

  화면을 가볍게 누릅니다.

2) 롱 터치 (길게 누르기)

① 스마트폰 화면을 길게 누릅니다.

  (세게 누르지 않아도 됩니다.)

② 선택한 대상에 대해 가능한 작업 목록이 나옵니다.

3) 더블 터치 (두 번 두드리기)

① 화면을 빠르게 두 번 누릅니다.

② 사진, 지도, 웹 페이지 등이 실행된 상태에서

  일정 비율로 화면을 확대/축소할 수 있습니다.

4) 드래그 (끌기)

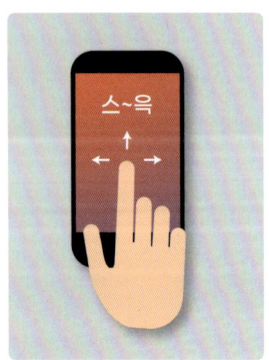

① 화면에 손가락을 터치 상태에서 손을 떼지 않고

  원하는 위치로 이동한 후 손을 떼는 것

② 화면을 이동하거나 아이콘을 이동시킬 때 사용합니다.

5) 스크롤 하기 (위/아래로 올리기/내리기, 좌우로 밀기)

① 손가락을 위·아래, 좌·우로 스크롤 합니다.

② 홈 화면 또는 앱스 화면에서 다른 페이지로 이동할 수 있습니다.

③ 웹 페이지나 목록 화면에서는 위, 아래로 스크롤하여
   내용을 확인할 수 있습니다.

6) 핑거 줌 실행 (오므리고 펼치기)

① 두 손가락으로 동시에 화면을 오므려서 축소하거나,
   펼쳐서 확대하여 사용합니다.

② 사진, 글자, 인터넷 화면을 확대/축소할 수 있습니다.

07강 　스마트폰 화면 구성 이해하기

스마트폰 화면은 크게 [잠금화면], [홈 화면], [앱스 화면]으로 구성되어 있습니다.

1 잠금 화면

: 스마트폰을 켰을 때의 첫 화면입니다.

① 잠금을 설정하지 않았을 때에는
   화면을 드래그(drag)합니다.

② 잠금을 설정했을 때에는 잠금을 해제합니다.
   화면 잠금 방식으로는 패턴, 지문, 얼굴인식 등을
   사용하고 있습니다.

1등 비서! 스마트폰 제대로 활용하기

2 홈 화면

: 잠금 화면을 열었을 때 나오는 시작화면입니다.

① **상태 알림 줄** : 홈 화면 가장 윗단에 위치한 부분으로, 스마트폰의 상태 알림 정보를 확인할 수 있습니다.

② **위젯** : 홈 화면상에서 독립적으로 실행되도록 만든 미니 응용프로그램 입니다.

③ **앱 아이콘** : 자주 사용하는 앱 아이콘을 꺼내놓고 사용하며, 원하는 위치에 배치할 수 있습니다.

④ **고정 아이콘** : 사용자가 자신이 사용하기 원하는 앱 아이콘들로 변경 할 수 있습니다.

3 앱스 화면

: Play 스토어에서 설치한 모든 앱들이 있는 화면입니다.

• 사전에 설치된 내장(기본) 앱과 사용자가 추가로 설치한 앱이 여러 페이지에 걸쳐 나열되어 있습니다.

• 화면 하단의 [홈 버튼]을 터치하거나 화면을 위로 드래그하면 홈 화면으로 되돌아갑니다.

• 자주 사용하는 앱은 길게 눌러 홈 화면에 추가하거나 삭제할 수 있습니다.

※ 앱이 많을 경우 검색창에서 앱을 검색할 수 있습니다.

CHECK 리스트

08강 상태 알림 줄 아이콘 설명

| 4:39 | ⏰ 🔇 📶 HD 📶 69% 🔋 |

1 개요

① 스마트폰 화면 상단의 상태 알림 줄에 나타난 아이콘은 사용자의 사용 환경에 따른 제품 상태를 알려줍니다.

② 상태 알림 줄을 통해 시간, 새로운 문자, 전화, 와이파이 연결, 배터리 양 등을 확인할 수 있습니다.

2 상태 알림 줄 - 아이콘 설명

아이콘	의 미
⊘	신호 없음
ᵢᵢᵢ	서비스 지역의 신호 세기 상태
Rᵢᵢᵢ	로밍 실행 중
5G↓↑	5G네트워크에 연결됨
📶↓↑	Wi-Fi에 연결됨
✳	블루투스 기능 켜짐
✈	비행기 탑승 모드 실행 중
📍	위치 서비스(GPS)켜짐
🔇	무음모드 실행 중
🔇	진동모드 실행 중
📞	음성전화 수신
☎	부재중 전화
💬	문자 또는 MMS 수신
⏰	알람 실행 중
⚠	오류 발생 또는 주의 필요
🔋	배터리 충전 중

1 개요

① [상태 알림 줄]을 아래로 드래그하면 알림창이 열립니다.

② 빠른 설정 창, 밝기, 진행 중인 앱, 알림목록, 통신사 등을 확인할 수 있습니다.

2 빠른 설정창 및 알림창 화면 - 아이콘(기본)

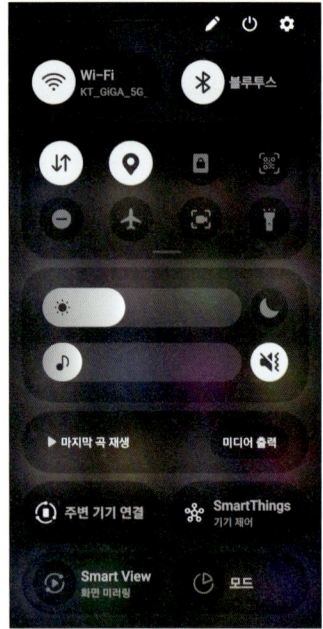

빠른 설정창

알림창

- 🛜 무료로 무선 인터넷을 사용 및 해제할 수 있습니다.
- ↕ 데이터를 사용 및 차단할 수 있는 기능입니다.
- 🔊 소리를 켜거나 진동 또는 무음으로 설정 가능합니다.
- 🔄 화면을 가로/세로로 회전합니다.
- ✳ 블루투스 스피커나 장비들을 연결할 때 사용합니다.
- 📶 스마트폰의 데이터를 다른 기기와 공유할 때 사용합니다.
- 🔦 손전등을 켜거나 끌 수 있습니다.
- ✈ 비행기 탑승 모드입니다.
- ⊖ 전화나 문자 등 모든 통신을 차단합니다.
- 🔋 배터리를 절약하고 싶을 때 사용하는 배터리 보호모드입니다.
- 🔒 보안 폴더는 앱과 파일을 안전하게 보호하는 기능입니다.
- N T-money, NFC(근거리 무선 통신) 등 모바일 결제 서비스에 사용됩니다.
- 📱 스마트폰과 PC를 연결합니다.
- ☀ 편안하게 화면 보기 입니다.
- 📷 큐알(QR)코드 스캔입니다.
- ▶ 스마트폰 화면을 스마트 TV 등에서 크게 볼 수 있습니다.

 스마트폰 화면의 밝기 조절 기능입니다.

● **하얀색**
빠른 설정창 아이콘이 활성화된 상태

● **검은색**
빠른 설정창 아이콘이 비활성화된 상태

10강 소리 / 진동 / 무음 바꾸기

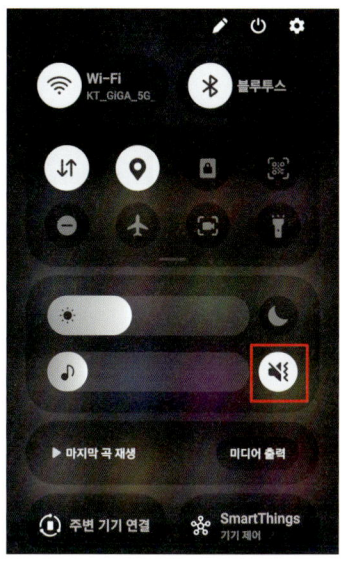
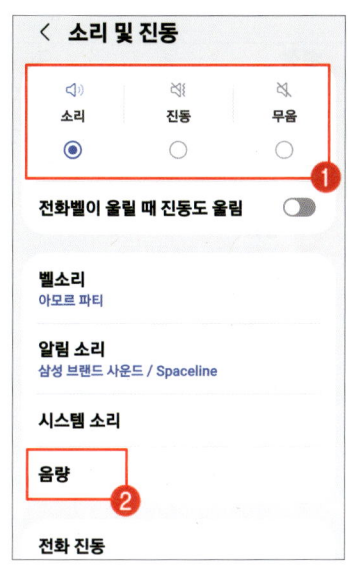
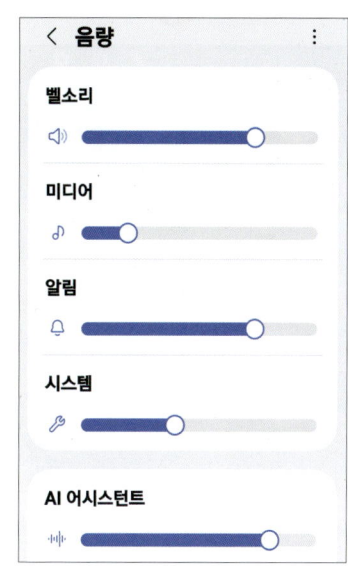

1 기기 첫 화면 상단 [상태 알림 줄]을 아래로 드래그 후 빠른 설정 창에서 [소리]를 3초간 길게 누릅니다.

2 ① [소리, 진동, 무음] 등을 선택할 수 있습니다. ② [음량]을 터치합니다.

3 벨소리, 미디어, 알림, 시스템, 빅스비 보이스 등 다양한 소리를 제어할 수 있습니다.

11강 화면 자동 꺼짐 시간 조절하기

1 설정 이유

① 회면이 자주 꺼지는 경우에는 **화면을 자주 켜줘야 하는 불편함**이 있고,

② 화면이 오래도록 안 꺼지는 경우에는 **배터리 소모량이 많기 때문**입니다.

2 화면 자동 꺼짐 시간 조절 방법 (예 : 5분으로 설정하고자 할 경우)

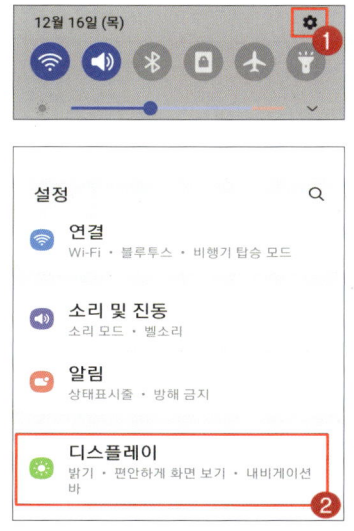
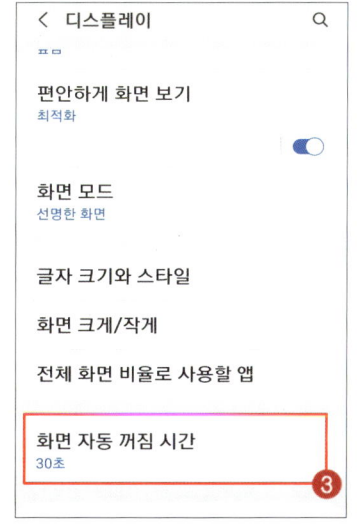
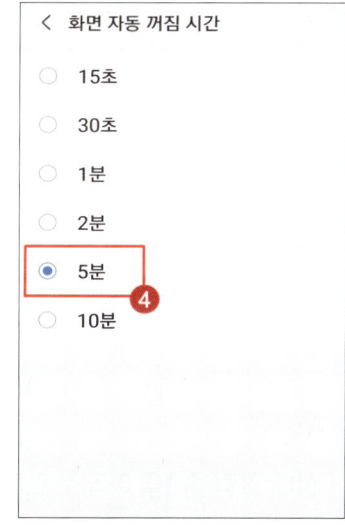

1 ① [상태 알림 줄]을 아래로 드래그한 후 [설정 ⚙]을 터치합니다. ② [디스플레이]를 터치합니다.

2 ③ [화면 자동 꺼짐 시간]을 터치합니다. **3** ④ [5분]을 터치합니다.

12강 화면 밝기 조절하기

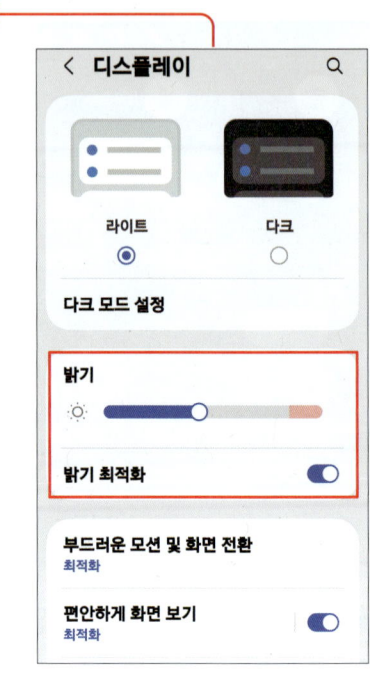

① **방법1 : [상태 알림 줄]**을 아래로 드래그합니다. 밝기 조절 막대를 터치 후 좌우로 움직여 조절합니다.

② **방법2 : [상태 알림 줄]**을 아래로 드래그한 후 **[설정 ⚙]**을 터치합니다. **[디스플레이]**(화면)를 터치하여 밝기를 조절합니다. **[밝기 최적화]**를 활성화하면 화면을 자동으로 밝기 조정을 해 줍니다.

13강 화면 글자 크기 조절하기

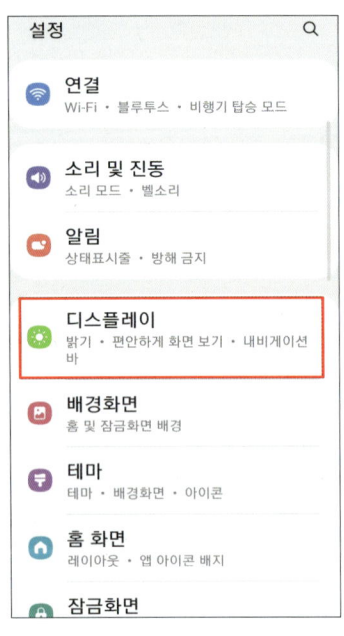

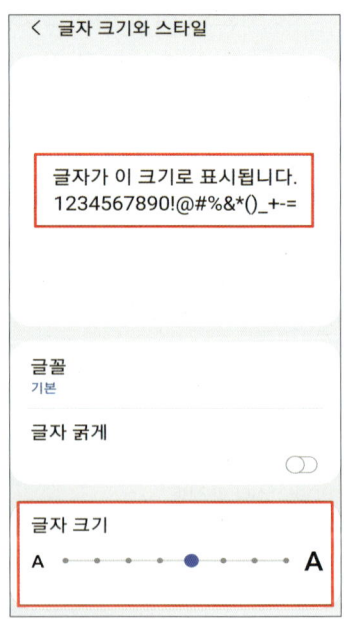

1 [상태 알림 줄]을 아래로 드래그한 후 [설정 ⚙]을 터치합니다. 다음으로 [디스플레이]를 터치합니다.

2 [글자 크기와 스타일]을 터치합니다.

3 [글자 크기 조절 막대]를 좌우로 움직여 크기를 정합니다.

(실제 글자의 크기는 위에 표시됨)

저장 공간 확인 및 확보하기

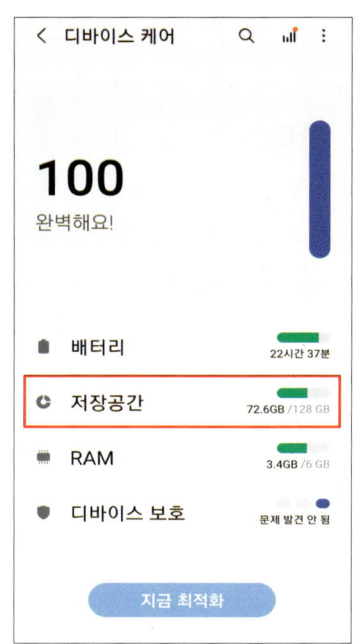

스마트폰 제대로 배우고 익히면 인생이 즐거워집니다!

1 저장 공간 확인하기

1 [상태 알림 줄]을 아래로 드래그한 후 [설정 ⚙]을 터치합니다.

[배터리 및 디바이스 케어]를 터치합니다.

2 [저장공간]을 터치합니다.

3 전체 저장 공간 대비 **현재 사용 중인 메모리양(%)을 확인**할 수 있습니다.

2 저장 공간 확보하기

① [휴지통]에 있는 것들을 확인한 후 비우기를 합니다. (휴지통이 없는 기종도 있음)

② [사용하지 않는 앱] 역시도 확인 후 삭제합니다. ③ [중복 파일]을 삭제합니다.

④ [용량이 큰 파일이나 동영상]을 삭제함으로써 저장 공간을 확보합니다.

CHECK 리스트

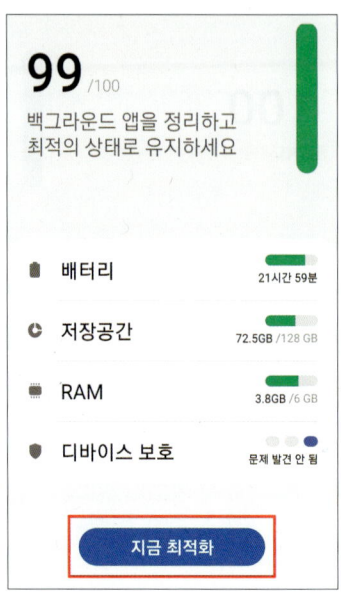

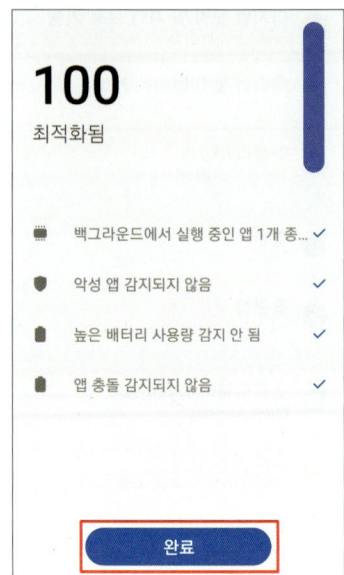

15강 디바이스 케어로 스마트폰 최적화하기

1 기기 최적화하기

1 [상태 알림 줄]을 아래로 드래그 후 [설정 ⚙]을 터치합니다. [배터리 및 디바이스 케어]를 터치합니다.

2 [지금 최적화]를 터치합니다.

3 기기의 최적화 작업이 끝나면 [완료]를 터치합니다.

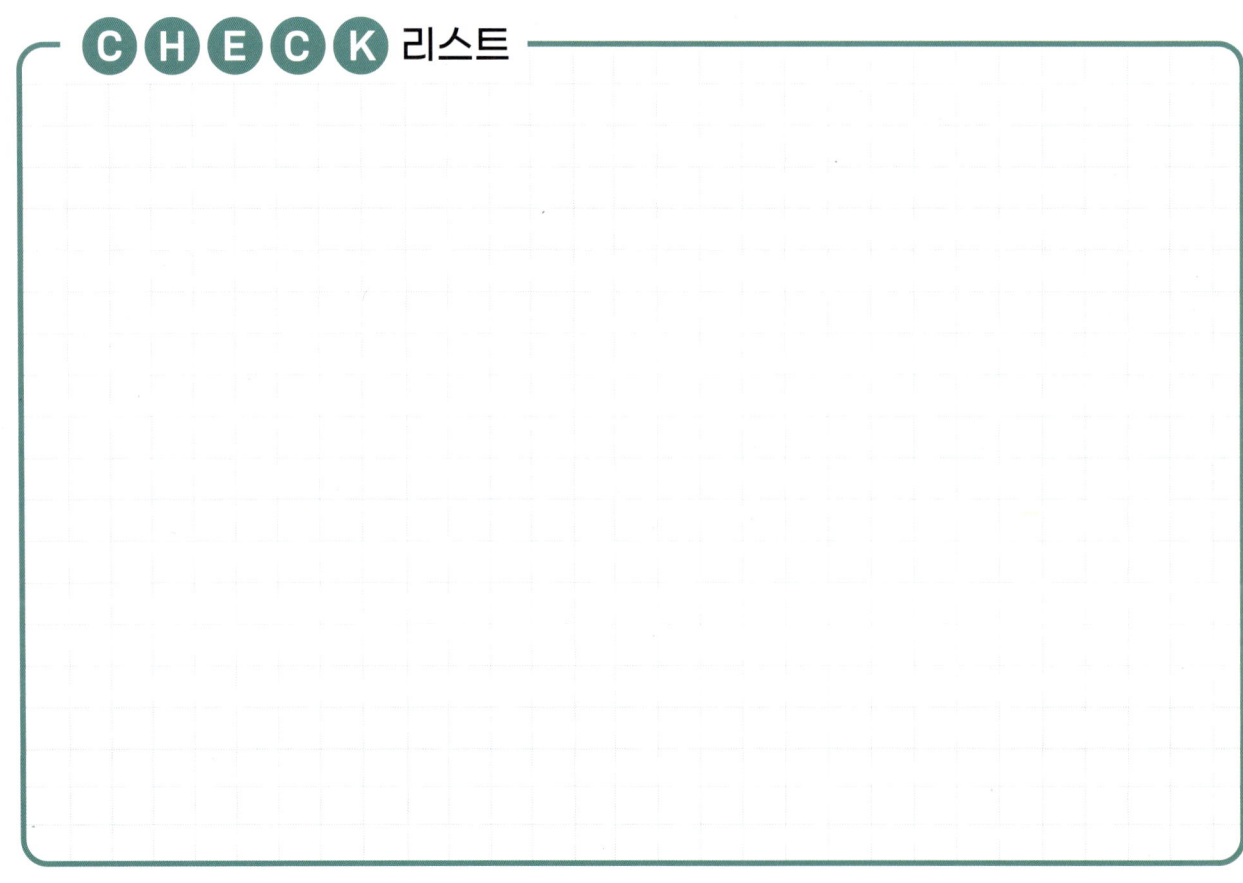

C H E C K 리스트

1등 비서! 스마트폰 제대로 활용하기

16강 최근 실행 앱 확인하기

  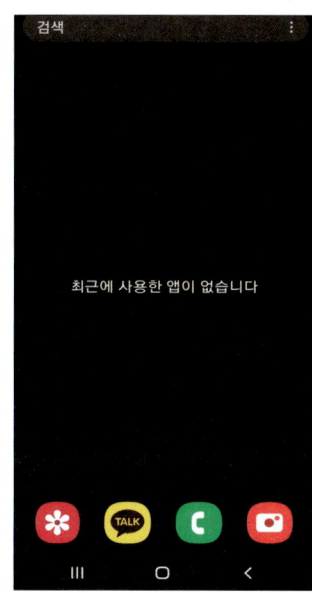

1️⃣ 스마트폰 하단 내비게이션 바의 **[최근 실행 앱 버튼]**을 터치합니다. 그럼 최근 실행했던 앱 목록이 나옵니다. 그 중에서 원하는 앱을 터치하면 그 앱으로 돌아갑니다.

2️⃣ 만일 하나의 앱을 위로 스크롤하면 닫히고 아래쪽의 **[모두 닫기]**를 터치하면 최근 실행 앱 전체가 닫힙니다.

3️⃣ 다시 최근 실행 앱 버튼을 터치하면 **[최근에 사용한 앱이 없습니다]**라는 문구가 화면에 뜹니다.

17강 연락처 활용 제대로 하기

1️⃣ 연락처 추가

  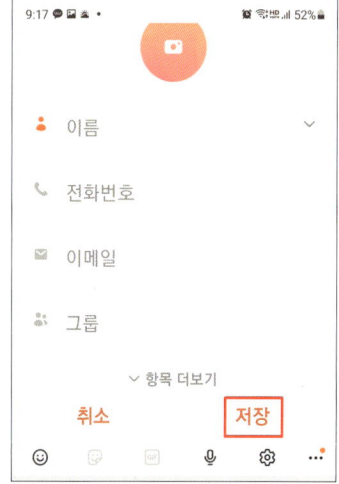

1️⃣ 📞 (전화)를 터치합니다. 2️⃣ **[연락처]**를 터치하고 연락처 추가 아이콘 **[＋]**를 터치합니다.

3️⃣ 이름과 전화번호를 기록하고 **[저장]**을 누릅니다. 만일 이 연락처에 프로필 사진을 넣고자 한다면 🟠를 터치하여 갤러리에 있는 사진을 가져오거나, 그 자리에서 카메라를 터치해 찍은 사진을 올리면 됩니다.

1) 최근 통화한 전화번호 저장 방법

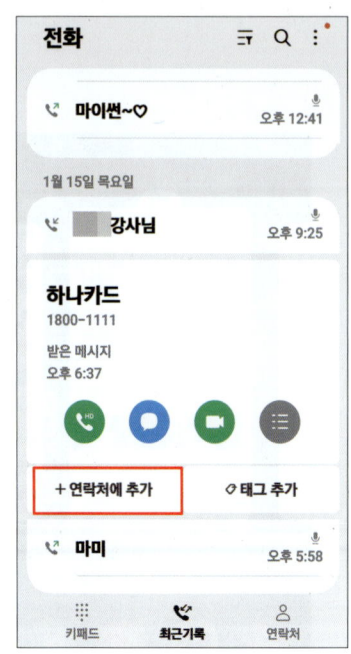

1 전화 앱을 터치합니다. 하단 메뉴 [**최근기록**] 화면에서 연락처에 저장할 목록을 터치합니다.

2 [**연락처에 추가**]를 터치합니다. **3** [**새 연락처 등록**]을 터치하여 이름을 입력하고 [**저장**]합니다.

CHECK 리스트

1등 비서! 스마트폰 제대로 활용하기

2 연락처 삭제

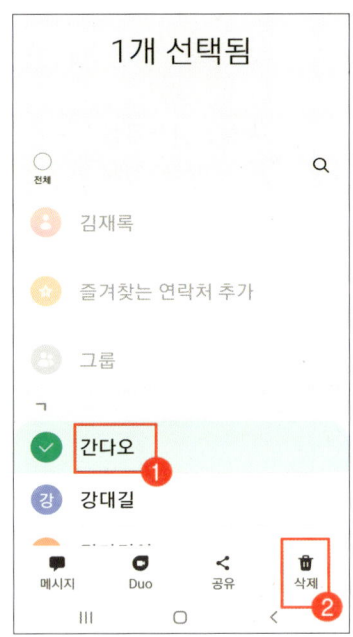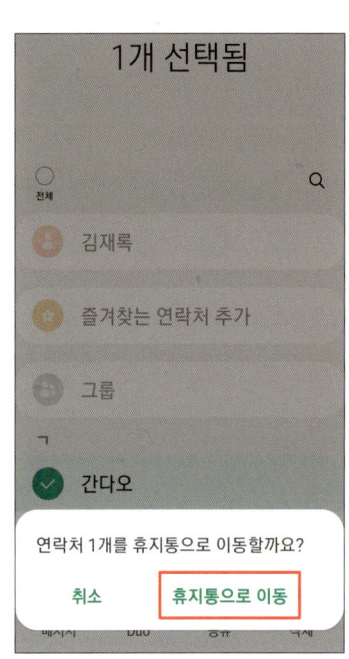

1 📞 전화 - [**연락처**]를 터치합니다.

2 ① 해당자 이름(예 : 간다오)을 길게 누르면 이름 앞이 ✅로 바뀌고 아래엔 ② [**삭제**]가 생성됩니다.

3 [**삭제**]를 터치한 후에 나타난 [**휴지통으로 이동**]을 누르면 됩니다.

3 연락처 검색

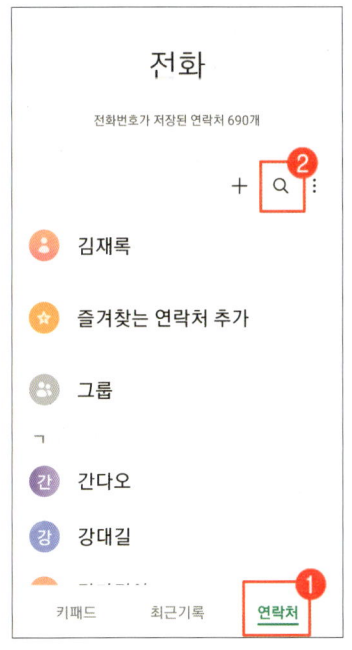

1 홈 화면의 전화 앱을 터치한 후 하단 메뉴 중 ① [**연락처**]를 터치합니다. ② 검색을 하기 위해서 [**돋보기 (검색)**]를 터치합니다.

2 [**검색창**]에 찾고자 하는 이름을 입력합니다. (**'김여름'**인 경우 초성 **'ㄱㅇㄹ'**으로 검색할 수 있습니다.)

3 예시 화면을 볼 수 있습니다.

스마트폰 제대로 배우고 익히면 인생이 즐거워집니다!

4 연락처 편집

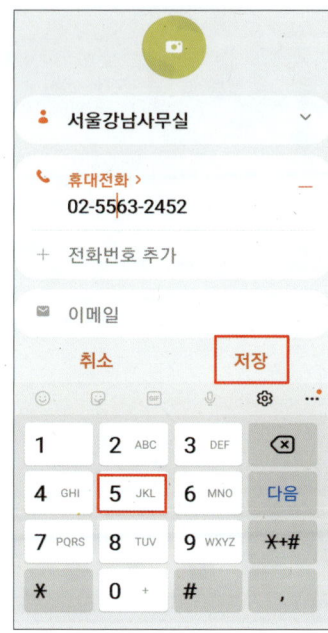

1 편집하고자 하는 연락처 이름을 찾아 터치하면 나오는 여러 아이콘 중 맨 우측 ⓘ 아이콘을 터치합니다.

2 하단의 [편집]을 터치합니다. 3 번호나 이름 중 수정할 곳을 터치하여 내용을 고친 후 [저장]하면 바뀐 내용으로 저장됩니다. (예 : 563국 → 5563국)

5 연락처 보내기 (예 : [간다오]의 번호를 [김여름]에게 보내기)

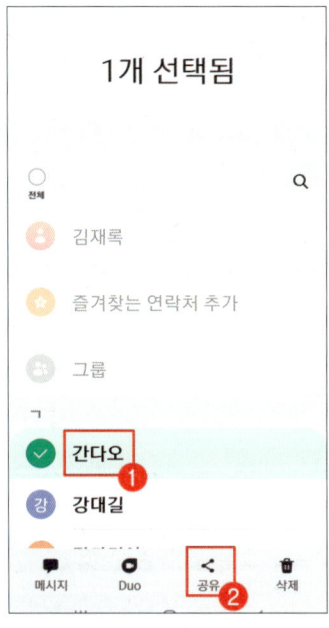
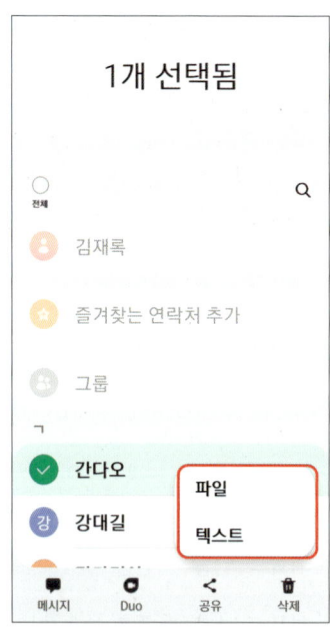

1 [전화]를 터치합니다. ① [이름(간다오)]을 길게 누릅니다(이름 앞에 ✅이 생기면서 아래에는 공유 ❮ 가 생성됨). ② 이 ❮ 를 터치한 후 2 [파일과 텍스트] 중에 하나를 선택합니다.

3 만일 텍스트를 터치하면, 받는 사람 목록이 있는 [카톡 친구 목록] 혹은 [문자메시지 주소록] 등으로 안내합니다.

1등 비서! 스마트폰 제대로 활용하기

 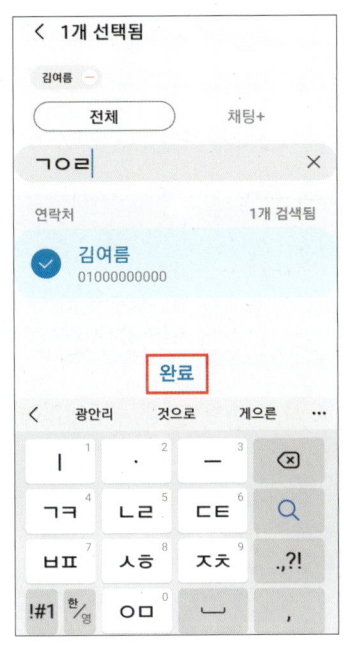 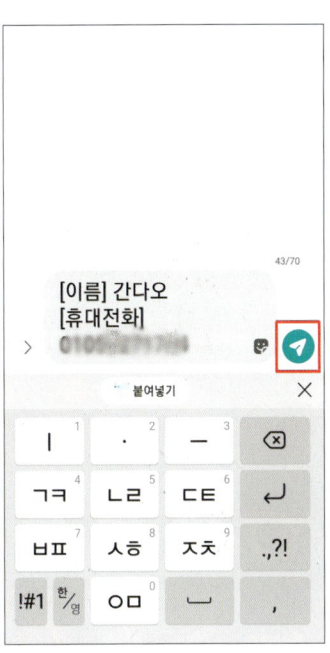

1️⃣ 메시지 💬를 터치한 후, ① [받는 사람(김여름)]을 터치하고 2️⃣ [완료]하면 문자메시지 창에 연락처가 실립니다. 3️⃣ 보내기 ✈를 터치하면 연락처가 전송됩니다.

6️⃣ 통화 상태에서 상대방에게 타인의 연락처 보내기

※ 이후로는 위의

[5️⃣ 연락처 보내기]와 동일

1️⃣ 통화 중 상태에서 화면의 [홈 버튼]을 누릅니다.　2️⃣ 📞를 터치합니다.

3️⃣ 돋보기(검색)를 터치한 후 이름을 입력합니다. ④ 밑에 나타난 연락처를 길게 누릅니다. 이때 이름 앞에는
　✅이 나타나고 하단에는 공유가 뜹니다. ⑤ 공유를 터치합니다. ⑥ 형식(파일 혹은 텍스트)을 택일합니다.
　⑦ [빠른 나눔창]에서 지금 통화하고 있는 사람을 찾아 전송합니다(카톡을 터치할 경우에는 [친구목록]
　중에서 통화자의 이름을 찾아내 터치하면 됨). 만일 문자메시지로 보내려면 [메시지 💬]를 터치합니다.
　주소록에서 통화자의 이름을 찾아낸 후 [완료]를 터치하고, 문자메시지의 [보내기 ✈]를 누릅니다.

18강 화면 페이지 편집

1 페이지 추가

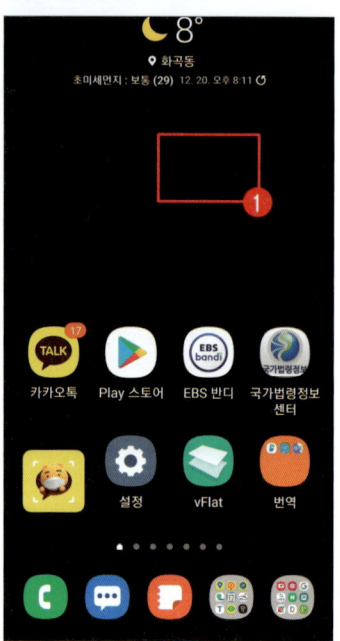 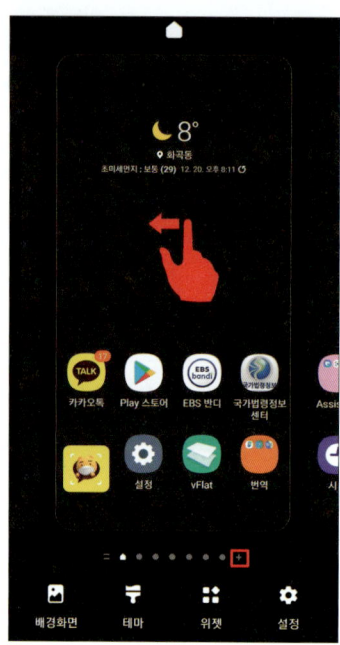 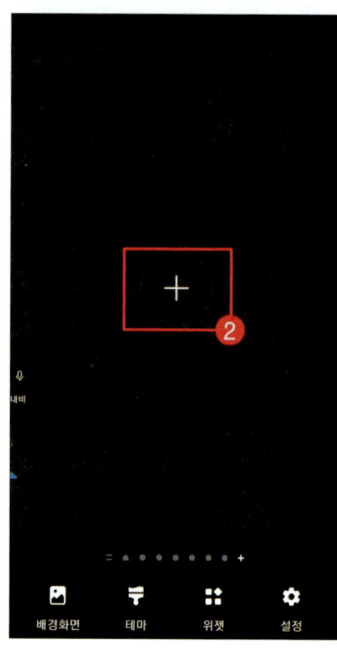

1️⃣ ① 홈 화면이나 아무 페이지 [빈 곳]을 길게 누릅니다.

2️⃣ 그러면 페이지 수를 나타내는 점 옆에 작은 **+** 표시가 생깁니다. 화면을 좌측으로 넘긴 후 3️⃣ 새로 만들어진
페이지의 ② [+]를 터치하면 빈 페이지가 추가됩니다.

2 페이지 삭제

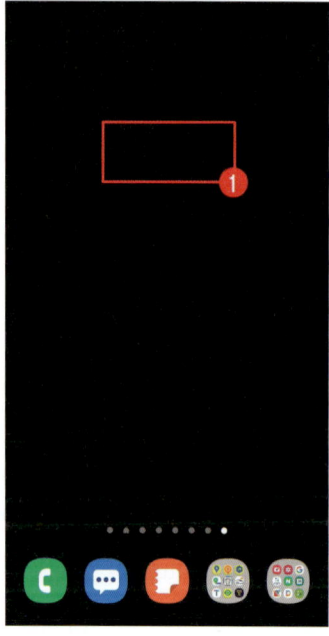 

1️⃣ ① 페이지의 [빈 곳]을 길게 누르면 위에 휴지통이 생깁니다.

2️⃣ ② [휴지통]을 터치하면 빈 페이지가 삭제됩니다.

3 홈 페이지 지정 및 페이지 순서 변경하기

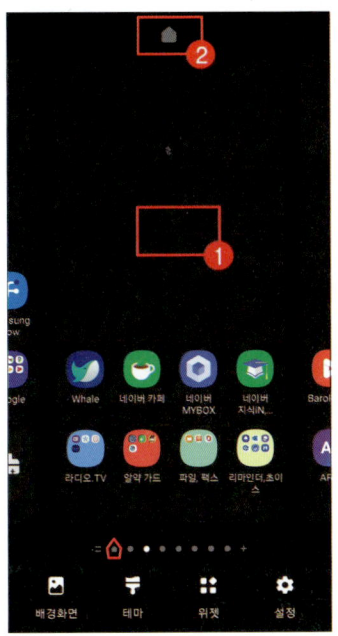 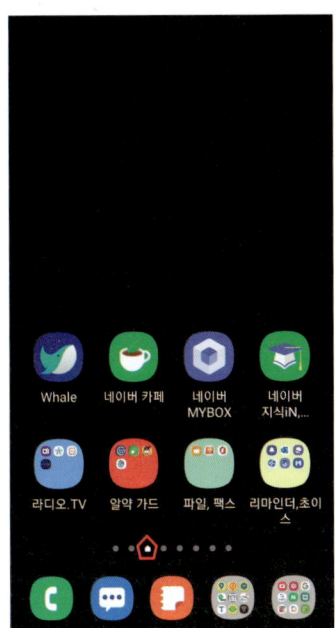

1️⃣ ① 홈 페이지로 지정하고 싶은 [페이지]를 길게 누른 후 ② 위에 [집 모양]을 터치 시 홈 페이지로 바뀝니다.

2️⃣ 페이지 순서를 변경할 때는 화면을 길게 누른 상태에서 그 화면을 이동하면 됩니다.

4 홈 화면에서 앱 삭제하기

 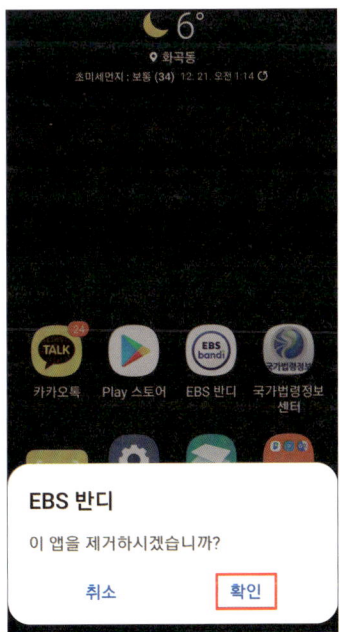

1️⃣ 홈 화면에서 [삭제할 앱]을 길게 누릅니다. [설치 삭제]를 터치합니다.

2️⃣ "이 앱을 제거하겠습니까?"라는 질문에 [확인]을 터치하면 지정한 앱이 삭제됩니다.

5 앱을 다른 화면으로 이동시키기(두 가지 방법)

1)드래그 하는 방법

 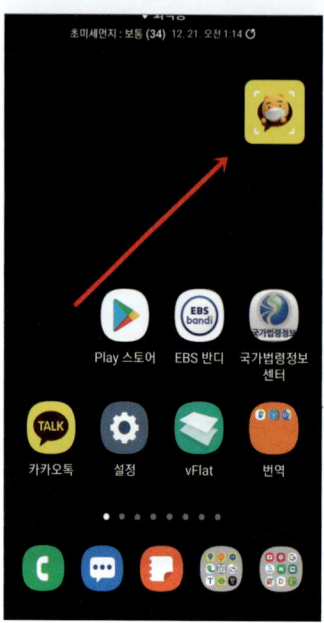 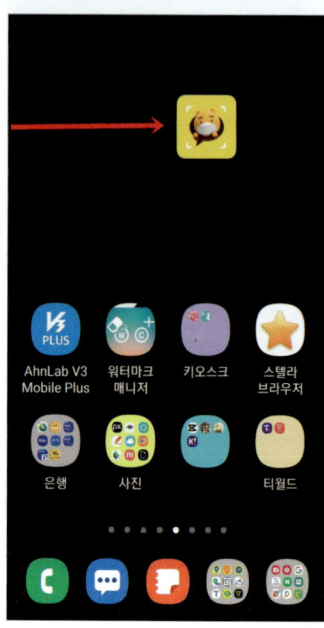

1 [해당 앱]을 길게 누른 상태에서 (글 상자가 뜸) 그대로 드래그합니다.

2, 3 해당 앱을 원하는 위치나 다른 페이지로 이동시킵니다.

2) 터치로 이동시키는 방법

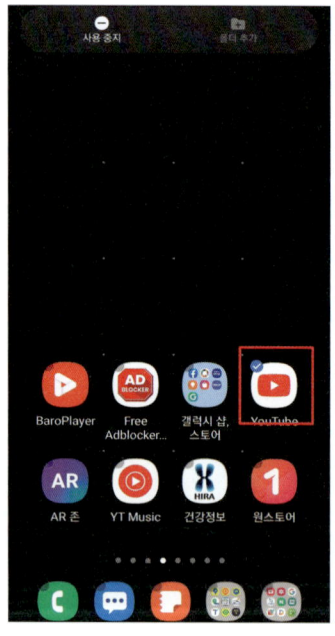 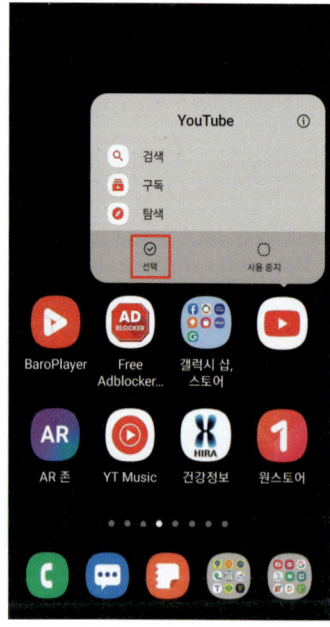 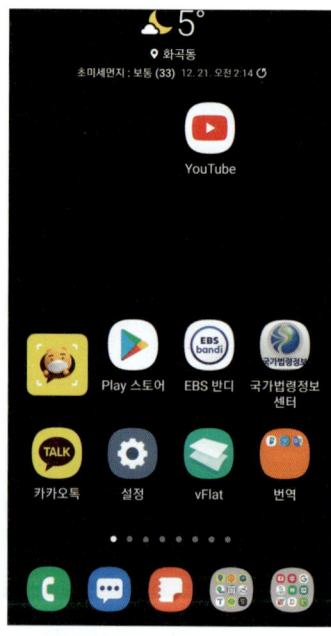

1 [해당 앱]을 길게 누릅니다. 2 [선택]을 터치합니다.

3 원하는 위치 혹은 앱스 페이지 화면에 손가락을 누르고 있으면 앞서 선택된 앱이 옮겨옵니다.

19강   폴더 관리하기

1 폴더 만들기, 폴더에 앱 추가하기

 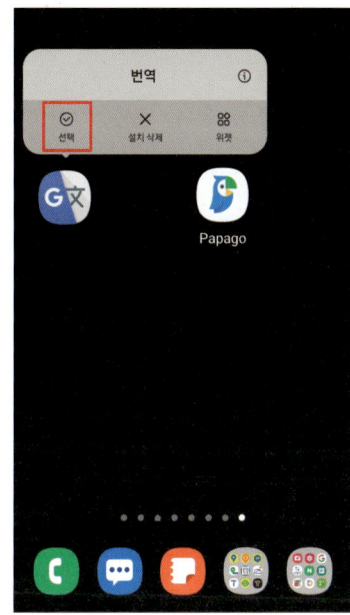 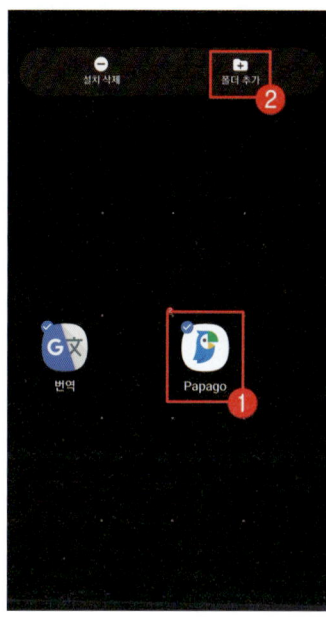

1 폴더에 넣기를 원하는 [앱]을 길게 누릅니다. 2 [선택]을 누릅니다.

3 ① 폴더에 함께 넣고자 하는 [다른 앱]을 터치한 후 ② [폴더 추가]를 누릅니다.

1 폴더가 형성된 후 다른 앱을 추가하려면 [+]를 터치합니다.

2 추가할 앱을 찾아 터치한 후 [완료]를 터치합니다.

3 폴더 안에 앱이 추가된 모습입니다.

37

스마트폰 제대로 배우고 익히면 인생이 즐거워집니다!

2 폴더 이름 만들기

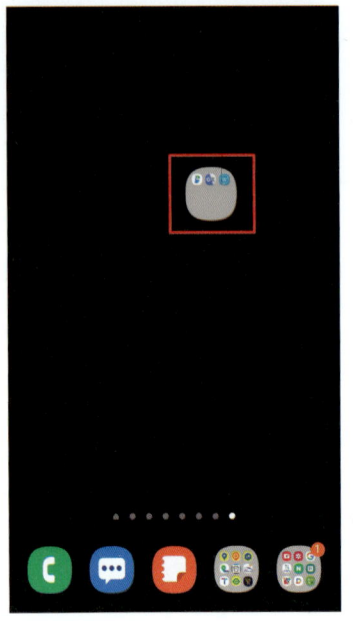 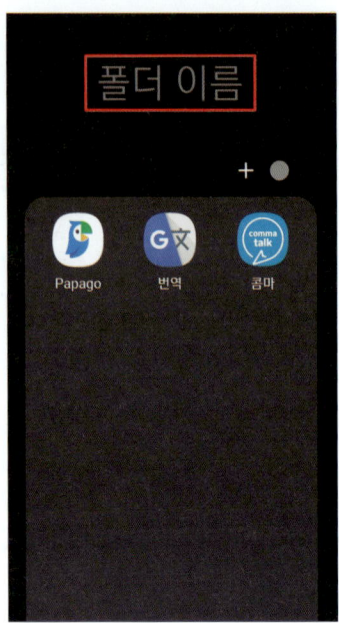 

1️⃣ 이름을 붙이고 싶은 [폴더]를 터치합니다.

2️⃣ [폴더 이름]을 터치합니다.

3️⃣ ① 원하는 [폴더 이름]을 입력한 후 ② [완료]를 누릅니다.

3 폴더 이름 바꾸기

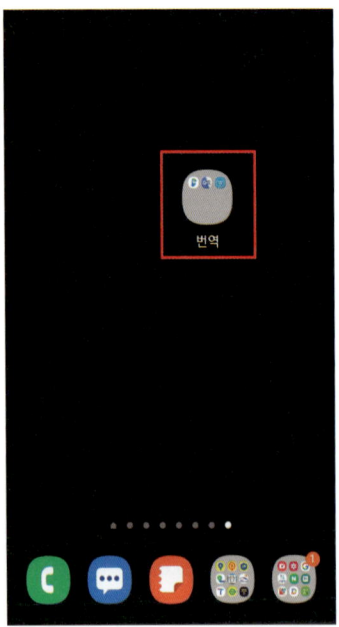  

1️⃣ 이름을 변경하고자 하는 [폴더]를 터치합니다.

2️⃣ [폴더 이름]의 마지막 글자 뒤를 터치합니다.

3️⃣ ① 백스페이스(backspace)로 폴더의 이름을 지우고, 새 이름을 입력한 후 ② [완료]를 누릅니다.

4 폴더의 배경색 바꾸기

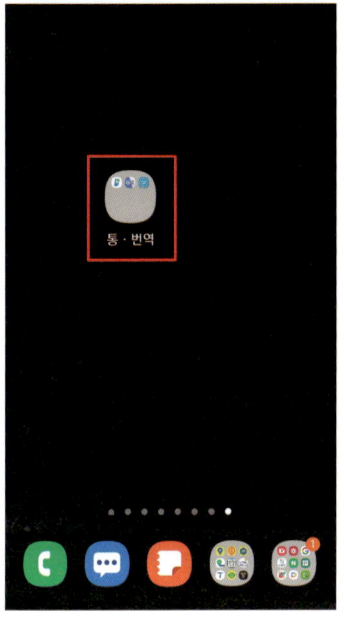

1️⃣ 배경색을 바꾸고자 하는 [폴더]를 터치합니다.

2️⃣ 색을 나타내는 [원]을 터치합니다.

3️⃣ 다양한 색을 포함하고 있는 [그라데이션 원]을 터치합니다.

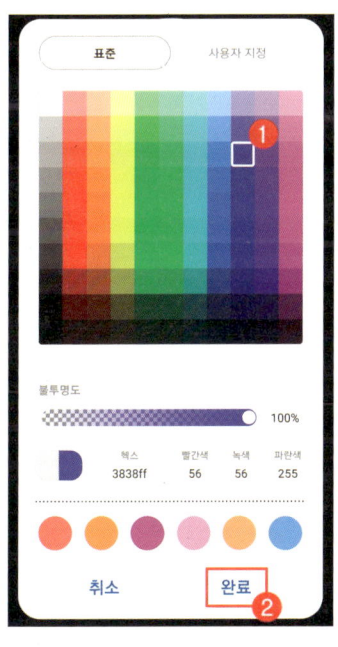

1️⃣ ① 여러 색 중에서 [맘에 드는 색]을 터치하고 ② [완료]를 누릅니다.

2️⃣ [취소 버튼 <]을 누릅니다.

3️⃣ 폴더의 배경색이 지정한 색으로 바뀝니다.

스마트폰 제대로 배우고 익히면 인생이 즐거워집니다!

5 기존의 폴더에 앱 추가하기

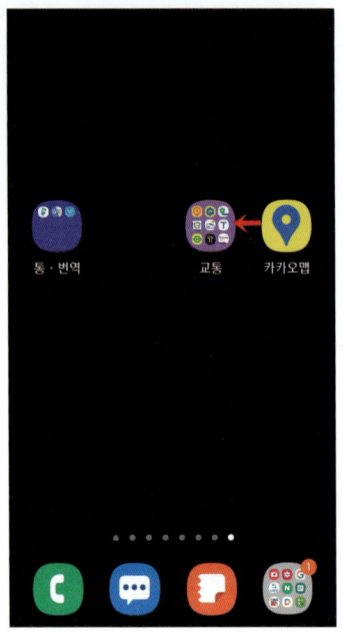  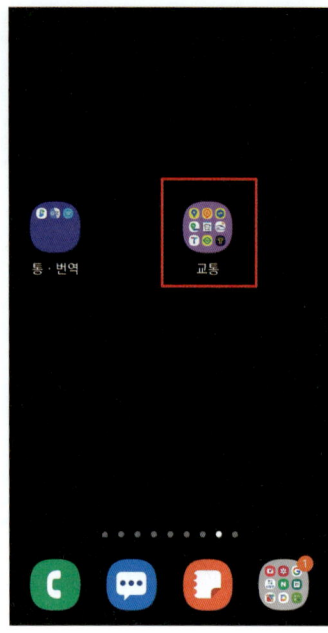

1 앱(예 : 카카오 맵)을 추가하고자 하는 폴더(예 : 교통) 곁으로 이동시킵니다.

2 앱을 길게 누른 후 드래그하여 폴더에 합치듯 밀어 넣습니다.

3 폴더에 앱이 추가됩니다.

6 폴더 밖으로 앱 이동하기

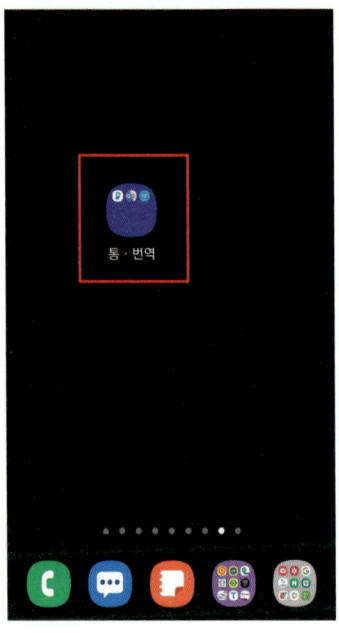  

1 꺼내려는 앱이 있는 [폴더]를 터치합니다.

2 해당 앱을 길게 누른 후 드래그하여 밖으로 꺼냅니다.

3 밖으로 나온 앱을 원하는 위치나 다른 페이지로 이동시킵니다.

20강 스마트폰 사용이 스마트해지는 위젯 활용하기

1 [다이렉트 전화] 위젯 추가하기

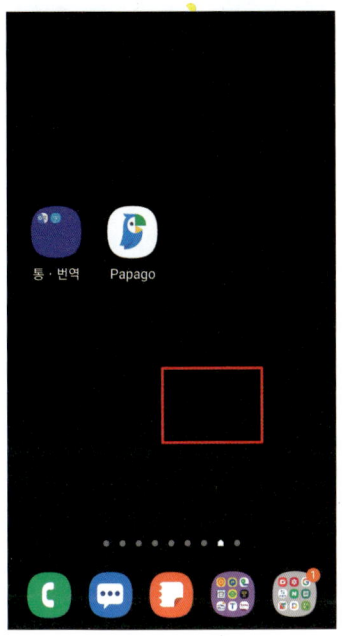 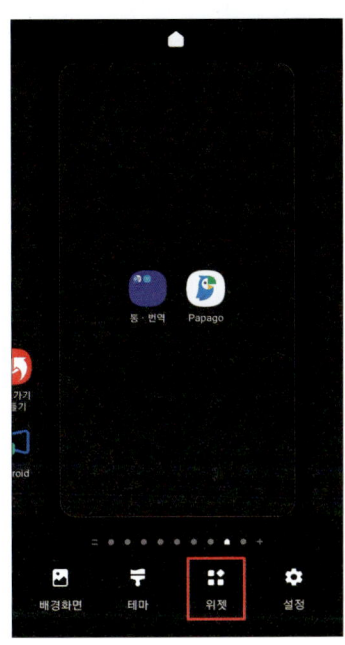 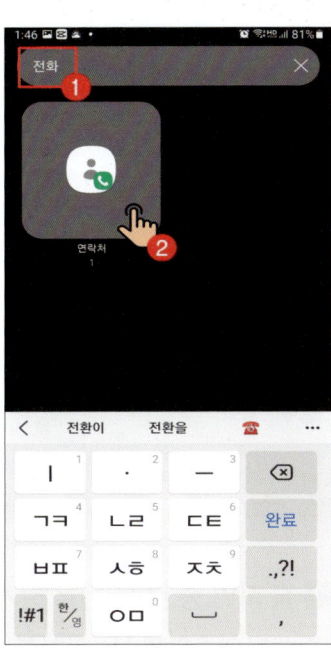

1 홈 화면 중 [빈 곳]을 길게 누릅니다.

2 하단의 [위젯]을 터치합니다.

3 ① 검색창에 [전화]라고 검색합니다. ② [연락처]를 터치합니다.

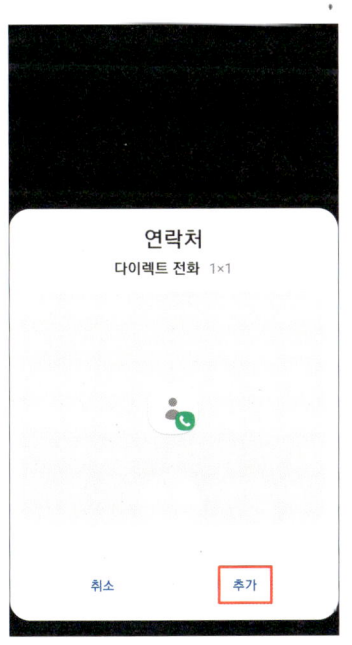 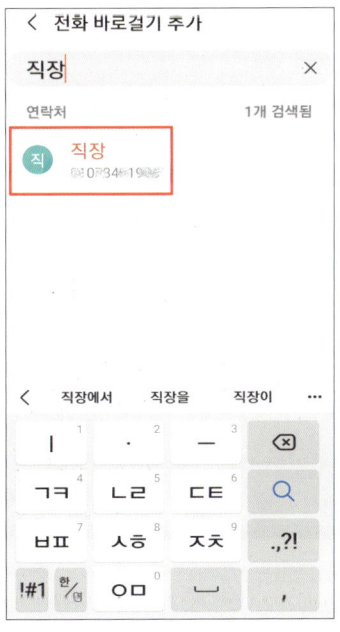 

1 다이렉트 전화 [추가]를 터치합니다.

2 검색창에 찾고자 하는 [전화명]을 입력한 후 밑에 나타난 연락처를 터치합니다.

3 홈 화면에 [다이렉트 전화] 위젯이 설치됩니다.

2 [돋보기] 위젯 추가하기

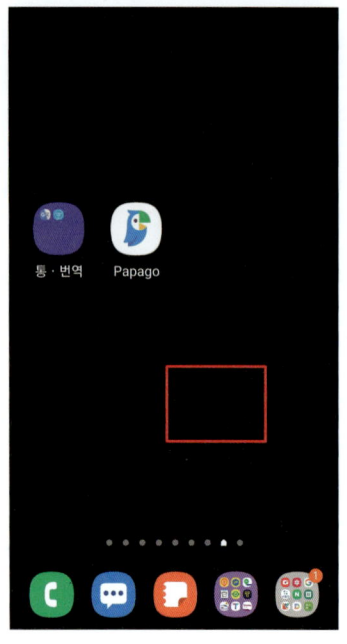
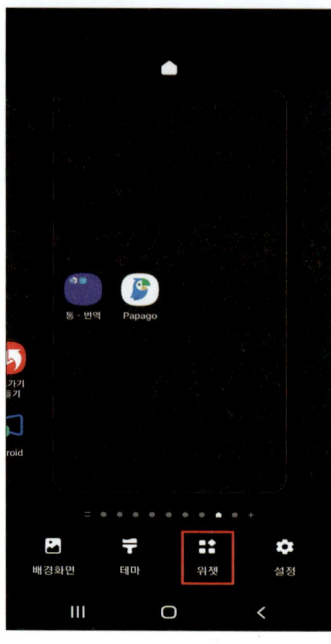

1️⃣ 홈 화면 중 [빈 곳]을 길게 누릅니다.

2️⃣ 하단의 [위젯]을 터치합니다.

3️⃣ 화면에서 하단에 있는 [돋보기]를 터치합니다.

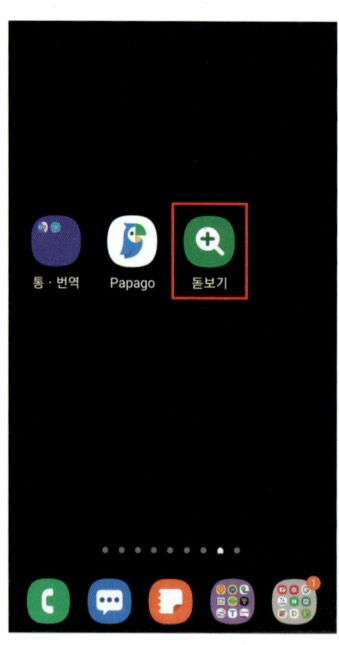

1️⃣ 돋보기 [추가]를 터치합니다.

2️⃣ 홈 화면에 [돋보기] 위젯이 설치됩니다.

3️⃣ [조절 바]를 왼쪽이나 오른쪽으로 움직이면 글씨 크기 변경이 가능합니다. 글씨가 작고 어두울 때는
손전등을 켜면 더 크고 밝게 볼 수 있습니다.

1등 비서! 스마트폰 제대로 활용하기

3 [디바이스 케어] 위젯 추가하기

 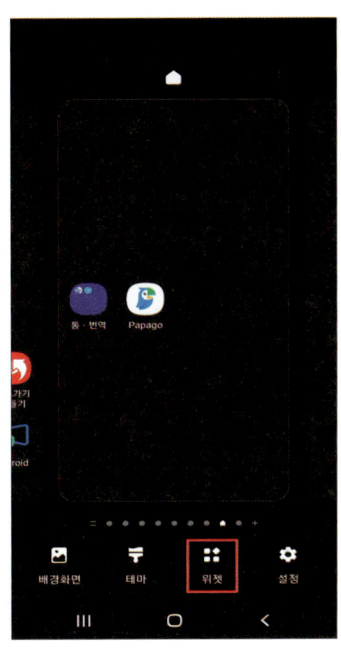 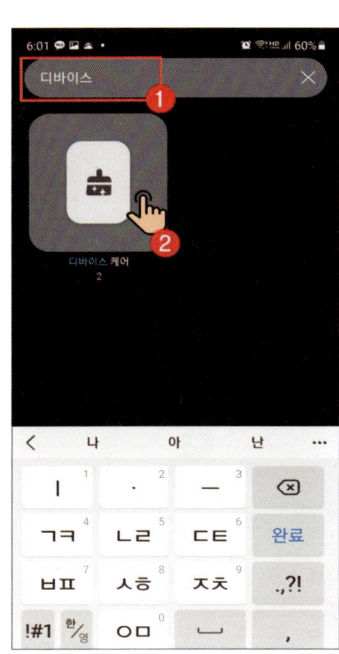

1 홈 화면 중 [빈 곳]을 길게 누릅니다.

2 하단의 [위젯]을 터치합니다.

3 ① 검색창에 [디바이스]라고 검색합니다. ② 검색된 [디바이스 케어]를 터치합니다.

1 디바이스 게이 [추기]를 터치합니다.

2 홈 화면에 [디바이스 케어] 위젯이 설치됩니다.

3 디바이스 케어 [위젯]을 터치해 주면 간편하게 저장공간을 최적화 할 수 있습니다.

스마트폰 제대로 배우고 익히면 인생이 즐거워집니다!

1 빠른음성 문자 보내기 (빠른음성 바로가기가 없을 때)

 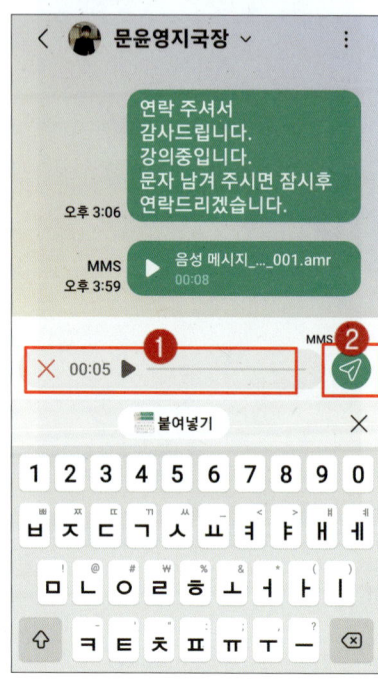 

1 ① 대화 상대를 검색하여 대화방을 열기 합니다. ② 음성 버튼을 누른 상태에서 이야기하면 ③ 음성을 인식하는 창이 보입니다. **2** ① 플레이 버튼을 터치하여 녹음한 내용을 다시 들을 수 있으며 [X] 버튼을 눌러 삭제할 수도 있습니다. ② 전송 버튼을 터치하여 음성 메시지를 보낼 수 있습니다. **3** 음성 버튼이 없는 경우 ① [+] 버튼을 터치하여 ② [**음성녹음**] 버튼을 터치합니다.

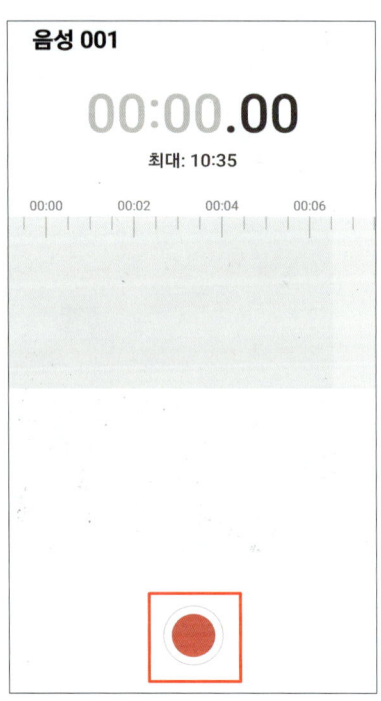 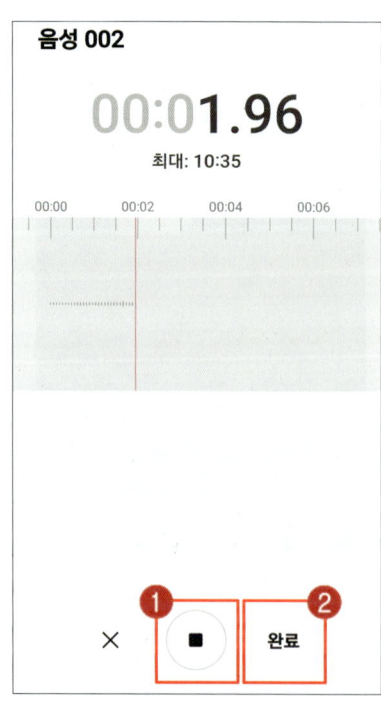 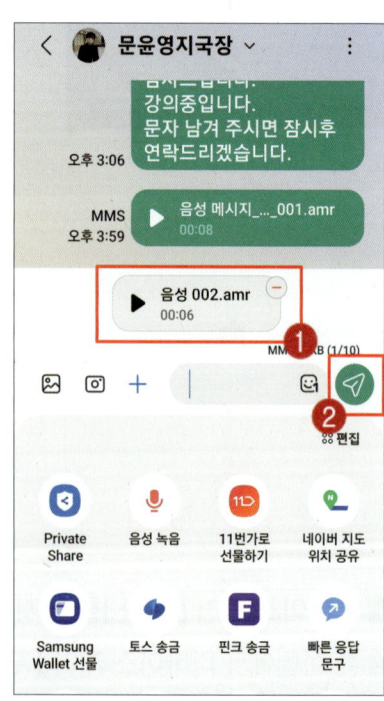

1 다음 화면에서 [**녹음 버튼**]을 터치합니다. **2** 녹음 중인 화면입니다. ① 정지 버튼을 터치 후 ② [**완료**]를 터치합니다. **3** ① 녹음된 파일을 다시 듣거나 삭제할 수 있으며 ② 전송 버튼을 터치하여 음성 메시지를 보낼 수 있습니다.

2 말로 문자 보내기 (삼성 OneUI 5.1버전)

 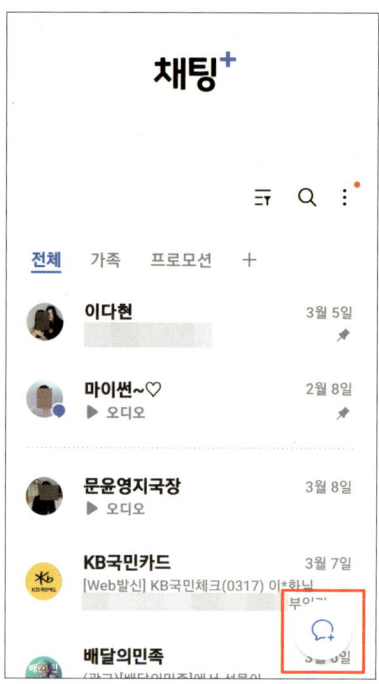 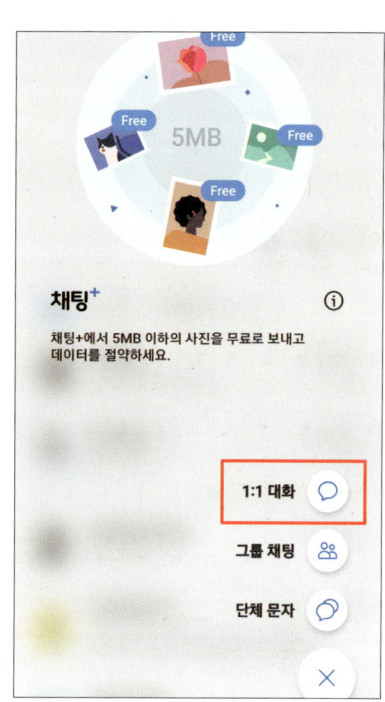

1 홈 화면에서 [메시지] 앱을 터치합니다.

2 화면 우측 하단 [말풍선] 아이콘을 터치합니다.

3 다음 화면에서 [1:1 대화]를 터치합니다.

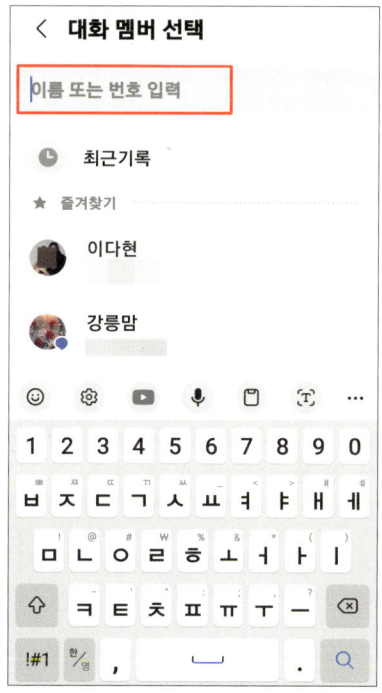  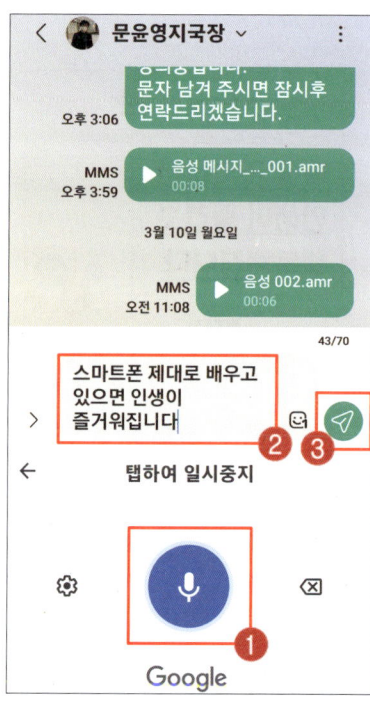

1 다음 화면 검색창에서 대화할 사람 이름 또는 전화번호를 입력하여 검색 후 대화방을 열기 합니다.

2 ① 문자 입력창을 터치한 후 음성 메시지를 보내기 위해 ② [마이크] 아이콘을 터치합니다. 3 ① 마이크 아이콘이 파란색일 때 말하면 ② 텍스트로 입력되는 것을 보실 수 있습니다. ③ [전송버튼]을 터치하여 메시지를 보낼 수 있습니다.

3 말로 문자 보내기 (삼성 OneUI 6.1버전)

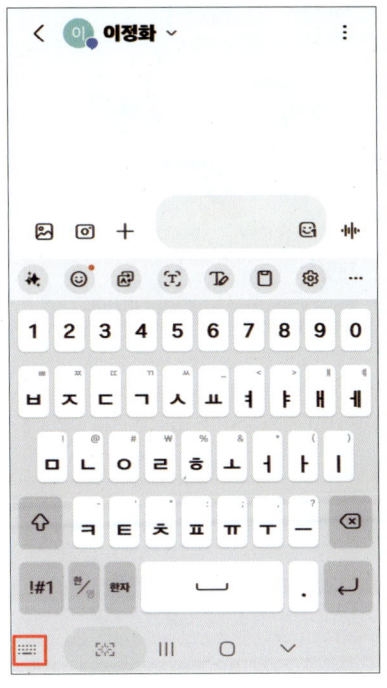 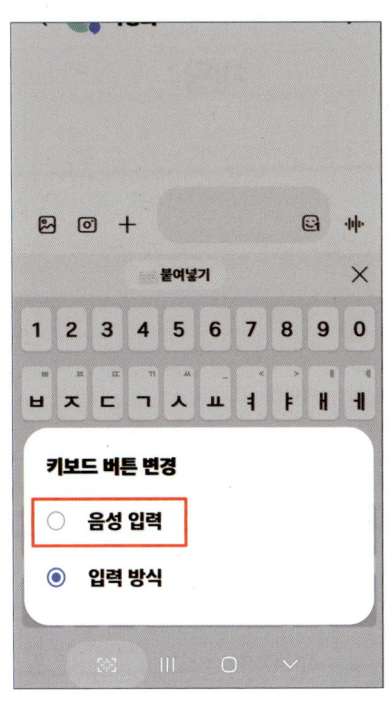 

1 대화방을 열기 합니다. 하단 네비게이션바 왼쪽에 [키보드] 아이콘을 3초간 길게 터치합니다.

2 키보드 버튼 변경 창에서 [음성입력]을 터치합니다.

3 마이크가 생성되었습니다. 마이크를 터치합니다.

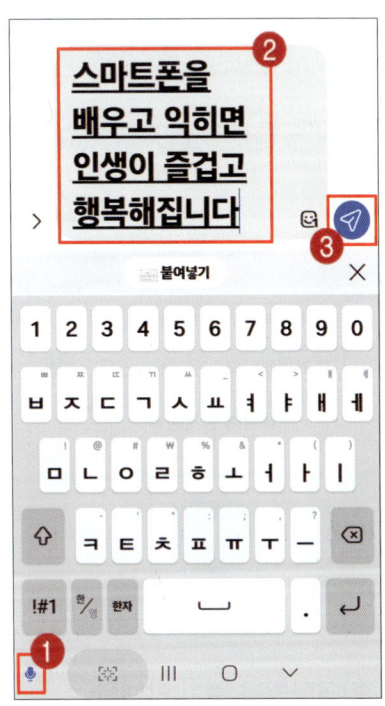

① 마이크가 파란색으로 변하면서 말을 하면

② 대화창에 텍스트가 입력되는 것을 보실 수 있습니다.

③ 전송 버튼을 터치하여 메시지를 보낼 수 있습니다.

1등 비서! 스마트폰 제대로 활용하기

22강 스마트폰 하나면 나도 사진 작가다!

1 카메라 설정 및 메뉴(갤럭시 S24+)

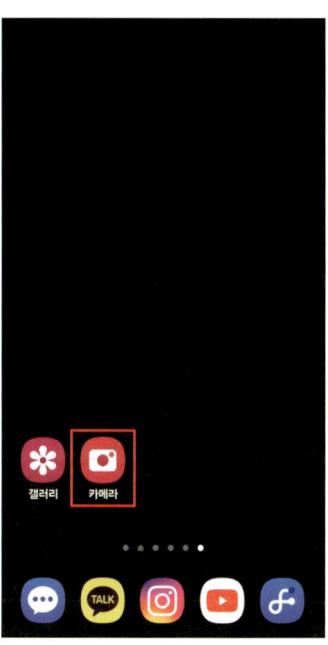

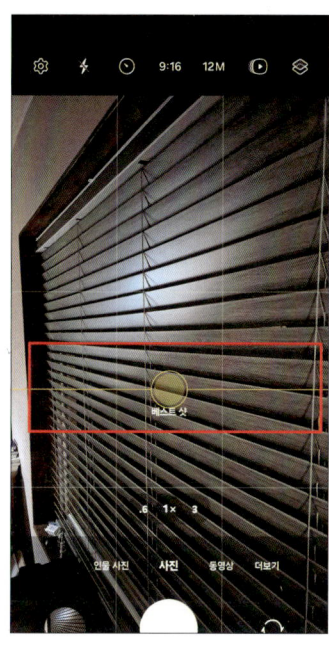

1 [카메라] 앱을 터치합니다. 2 ① [카메라 설정]에서 ② [촬영 구도 추천]을 활성화합니다.

3 이 기능을 활성화하면, [베스트 샷] 안내에 따라 카메라가 피사체의 위치와 구도를 분석하여 가장 좋은 사진을 찍을 수 있도록 도와줍니다.

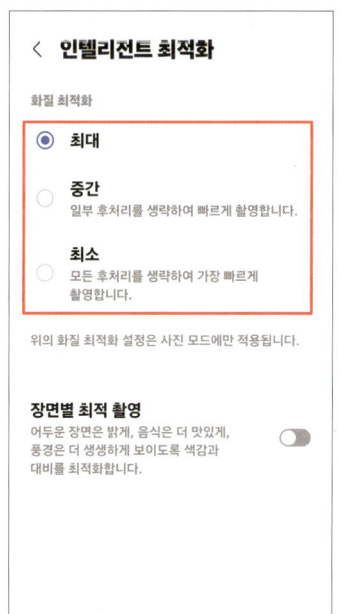
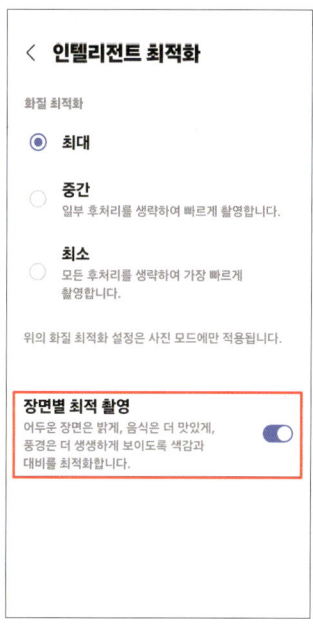

1 [인텔리전트 최적화]는 사진을 찍을 때 자동으로 최적의 설정을 적용해 주는 기능입니다.

2 [화질 최적화]를 선택할 수 있습니다. 선택 옵션에 따라 저장 공간의 차이가 있습니다.

3 [장면별 최적 촬영] 기능은 어두운 장면에서는 밝기를 높이고, 음식 사진에서는 색감을 더 맛있게, 풍경 사진에서는 색감과 대비를 최적화하여 더 생생하게 보이도록 합니다.

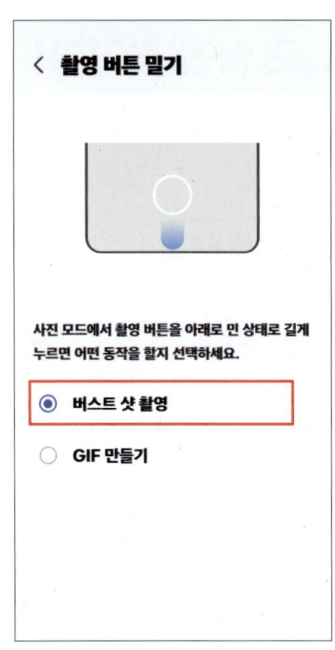
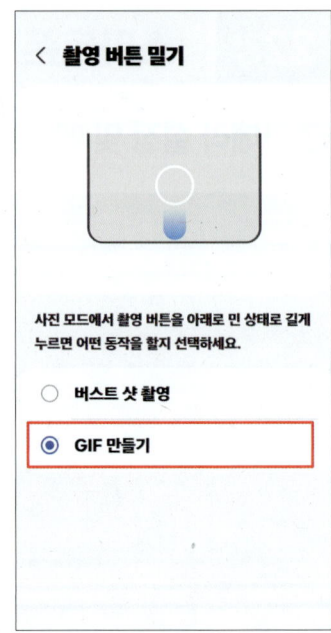

1 [**촬영 버튼 밀기**] 이 기능을 활성화하면, 촬영 버튼을 누른 상태에서 아래로 드래그하여 연속 촬영이나 GIF 이미지를 만들 수 있습니다. **2** [**버스트 샷 촬영**] 은 촬영 버튼을 드래그하여 여러 장의 사진을 빠르게 연속으로 찍을 수 있습니다. 이 기능은 움직이는 피사체를 한 번에 최대 100장까지 사진을 찍을 수 있습니다. **3** [**GIF 만들기**] 기능을 사용하면 여러 장의 사진을 연속으로 촬영하여 하나의 GIF 파일(동영상)로 만들 수 있습니다.

1 [**워터마크**] 기능은 갤럭시폰 카메라에서 촬영 시 자동으로 촬영자, 날짜, 그리고 시간 등의 여러 가지 정보를 사진에 표시하는 기능입니다.

2 [**표시할 정보**]는 사진 촬영자 이름을 편집할 수 있고, 날짜, 그리고 시간의 형태를 설정할 수 있습니다.

3 사진에 [**워터마크**]가 적용된 모습입니다.

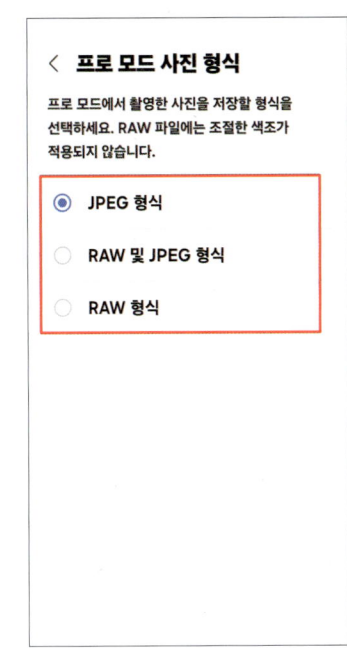

1 [고급 사진 옵션] 기능은 고효율 및 프로모드 사진 형식을 설정합니다.

2 [고효율 사진] 기능을 활성화하면 사진을 고효율 이미지 형식(HEIF)으로 저장하여 고화질을 유지하면서도 약 50%의 저장 공간을 절약할 수 있습니다.

3 [프로 모드 사진 형식] 기능은 프로모드에서 촬영 시 [RAW 혹은 JPEG] 등 사진의 저장 형식을 지정합니다.

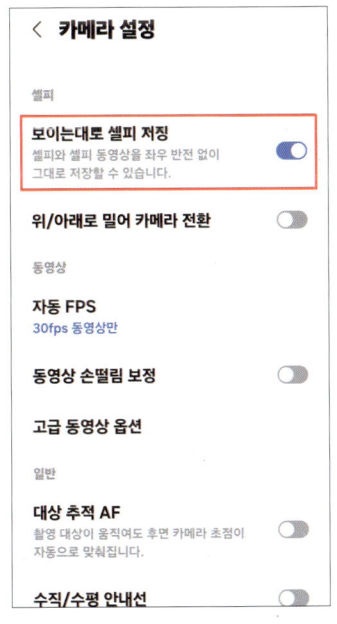
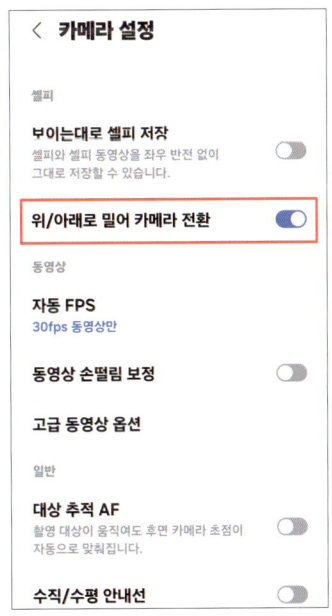

1 [보이는 대로 셀피 저장] 기능을 활성화하면 셀피를 찍을 때 미리보기 화면에서 보이는 그대로 저장됩니다. 즉, 셀피가 좌우 반전되지 않고 미리보기 화면에서 본 모습 그대로 저장됩니다.

2 [위/아래로 밀어 카메라 전환] 기능을 사용하면 화면을 위아래로 밀어서 전면 카메라와 후면 카메라를 쉽게 전환할 수 있습니다. 촬영 시 빠르게 카메라를 전환하고 싶을 때 유용한 기능입니다.

스마트폰 제대로 배우고 익히면 인생이 즐거워집니다!

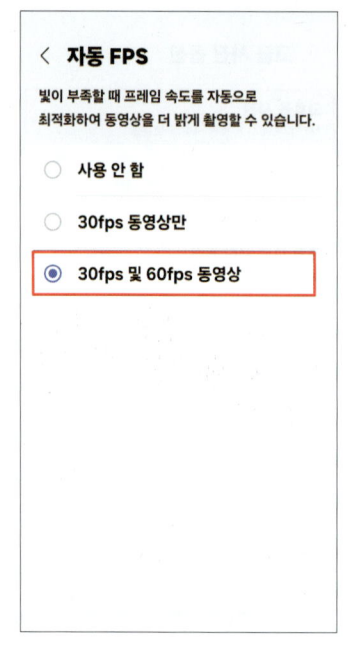

1 [자동 FPS(Frames Per Second)] 기능은 촬영 환경에 따라 프레임 속도를 자동으로 조정하여 최적의 비디오 품질을 유지하는 기능입니다. **2** [30fps 동영상만] 또는 [30fps 및 60fps 동영상]을 선택할 수 있습니다. [30fps 및 60fps 동영상] 옵션을 선택하면, 기기가 촬영 환경에 따라 프레임 속도를 자동으로 조정합니다. **3** [동영상 손떨림 보정] 기능은 촬영 중 발생하는 손의 떨림을 보정하여 더 안정적인 영상을 촬영할 수 있게 도와줍니다.

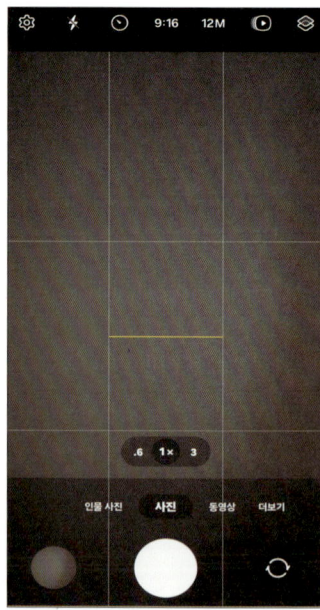

1 [대상 추적 AF] 기능은 카메라가 프레임 내의 특정 대상을 자동으로 추적하고 초점을 맞추는 기능입니다.
2 [수직/수평 안내선]은 화면에 수직/수평 가이드 라인이 표시되어 사진의 구도를 맞추는 데 도움이 됩니다.
3 사진에 수직/수평 안내선이 적용된 모습입니다.

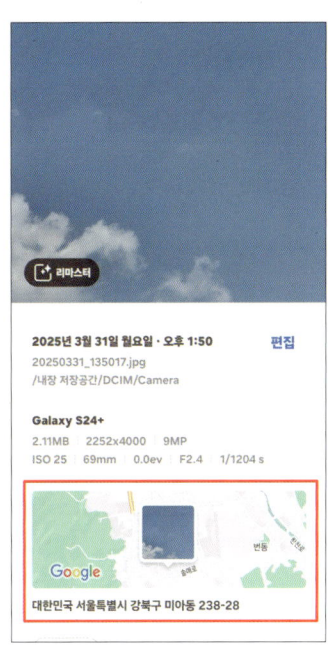

1 [위치 태그] 기능은 사진을 찍을 때 해당 사진의 촬영 위치 정보를 함께 저장하는 기능입니다.

2 사진을 터치하여 위로 올리면 **3** 사진 찍을 당시의 시간 및 [위치 정보]를 알 수 있습니다.

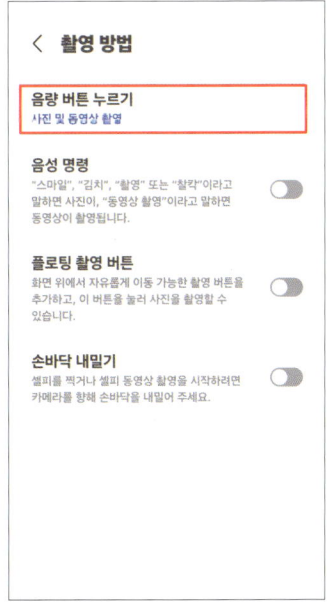

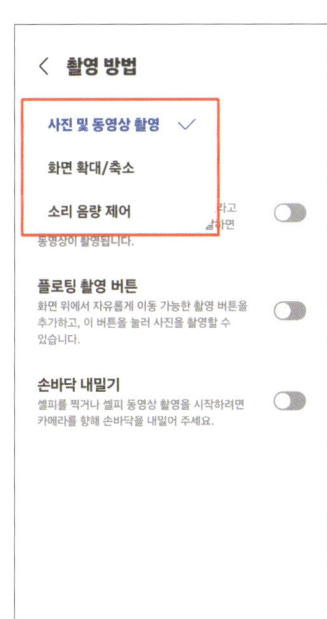

1 카메라 설정에서 [촬영 방법]을 터치하면 사진 촬영을 위한 버튼 설정을 합니다.

2 [음량 버튼 누르기] 기능은 스마트폰 우측 상단의 상/하 음량 버튼을 사용하여 촬영하는 기능입니다.

3 음량 버튼의 옵션 중 [사진 및 동영상 촬영]을 선택합니다. 카메라 모드에서 상측이나 하측 음량 버튼을
누르면 촬영됩니다.

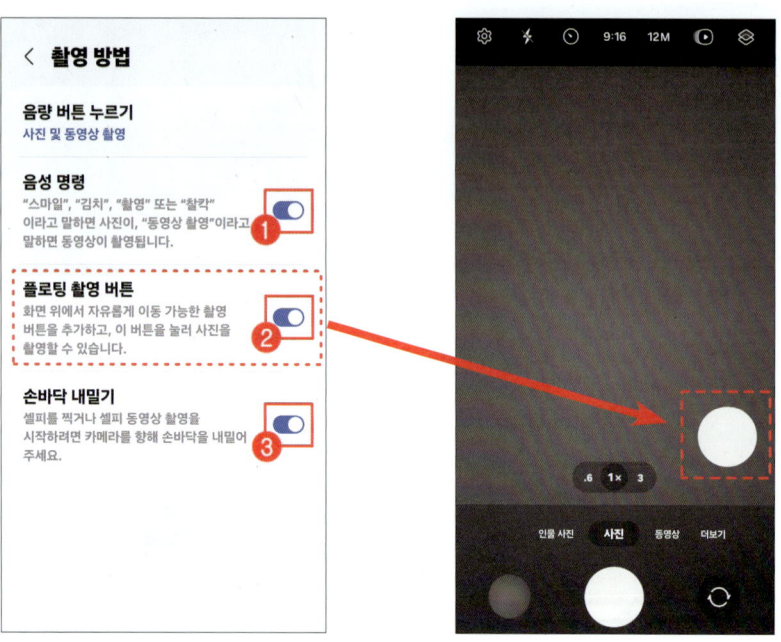

1 ① [음성 명령] 기능은 **"스마일"**, **"김치"**, 또는 **"찰칵"** 이라고 말하면 사진이, **"동영상 촬영"**이라고 말하면 동영상이 촬영됩니다.

② [플로팅 촬영 버튼] 기능은 화면 위에서 자유롭게 이동 가능한 촬영 버튼을 추가하고, 이 버튼을 눌러 사진을 촬영할 수 있습니다.

③ [손바닥 내밀기] 기능은 셀피를 찍거나 셀피 동영상 촬영을 시작하려면 카메라를 향해 손바닥을 내밀어 보이면 촬영이 시작됩니다.

2 [플로팅 촬영버튼]을 활성화했을 때 화면 위로 촬영 버튼이 추가된 것을 볼 수 있습니다.
이 촬영 버튼은 손가락으로 위치를 변경하여 편한 위치에 옮겨 놓을 수 있습니다.

3 ① [설정 유지] 기능은 카메라를 종료했다가 다시 시작해도 마지막에 사용했던 모드를 유지합니다.

② [진동 피드백] 기능은 사진을 찍을 때 진동을 통해 촬영이 완료되었음을 알려주는 기능입니다.

2 카메라 앱의 촬영 모드별 옵션 알아보기

스마트폰 카메라의 촬영 모드는 기종에 따라 조금씩 다르나 근본적으로는 거의 같습니다.
각 옵션들은 촬영모드에 맞게끔 설치되어 있으니 좋은 사진을 촬영하기 위해서는 옵션들을
이해하여야 합니다.

● 사진 모드

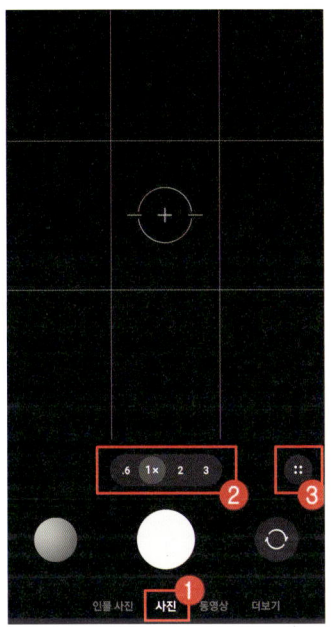 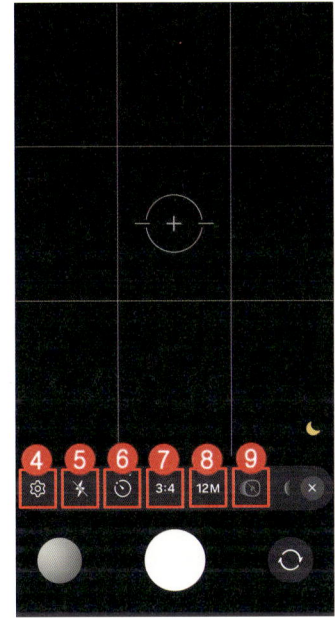 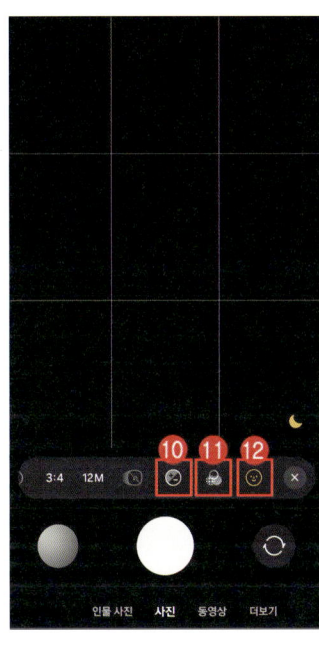

① 사진 모드를 터치합니다.

② 0.6은 넓은 화면을 촬영할 때 사용하고, 1x는 기본 배율이며, 2·3은 멀리 있는 대상을 당겨 촬영할 때
활용합니다. 화면을 손가락으로 벌려 확대하기보다는 숫자 배율 버튼을 눌러 촬영하는 것이 좋습니다.
손가락으로 확대할 경우 화질이 저하될 수 있습니다.

③ 카메라 사진 모드의 추가 기능 버튼입니다.

④ 사진을 찍을 때마다 매번 조정하는 게 아니라, 한 번 정해두면 계속 적용되는 초기 세팅 메뉴를 적용할
수 있습니다.

⑤ 꺼짐, 자동, 켜짐의 플래시 모드로 상황에 맞춰 사용할 수 있습니다.

⑥ 2초, 5초, 10초까지 가능하며 사진 버튼을 누른 뒤 잠깐 기다렸다가 자동으로 사진을 찍어주는 기능입니다.

⑦ 3:4, 9:16, 1:1, 화면 전체 Full 비율로 구분되며 사진의 용도에 맞게 화면 비율을 선택하여 촬영할 수
있습니다.

⑧ 촬영한 사진의 해상도 크기를 선택하는 버튼으로 사용자가 사진의 용도에 따라 선택 가능합니다.

⑨ 모션포토 기능으로 사진을 찍는 순간에 앞뒤 몇 초를 짧은 영상처럼 함께 저장하는 기능입니다.

⑩ 노출 기능으로 사진을 밝게 할지, 어둡게 할지 정할 수 있습니다.

⑪ 필터 기능으로 사진을 찍는 순간에 색감과 분위기를 바꿔주는 기능입니다.

⑫ 사람을 찍을 때 주로 사용하는 기능으로 피부톤, 눈크기, 턱사이즈 등을 설정할 수 있습니다.

● 인물사진 모드

[인물 사진] 모드는 심도가 얕은 아웃 포커싱 사진 촬영에 적합한 모드입니다. 또한 사진을 촬영하고 난 후에 갤러리에 있는 사진의 초점을 조절할 수 있습니다.

① 촬영 셔터 버튼
② 갤러리 바로가기 버튼
③ 카메라 전·후면 전환 버튼
④ 효과 옵션 버튼

- 피사체와의 거리를 1~1.5m 정도 유지를 하면 '준비되었어요' 라는 메시지가 나타납니다. 이때 주 피사체를 꾹 눌러 초점을 맞추고 측광하여 **블러, 스튜디오, 하이키 모노, 로우키모노, 컬러 배경, 컬러 포인트** 효과를 주어 촬영하면 됩니다.

1등 비서! 스마트폰 제대로 활용하기

① **블러:** 피사체와 배경을 분리하고 배경에 흐림 효과를 적용
② **스튜디오:** Studio Style의 기본 조명 효과
③ **하이키 모노:** 전체적으로 밝고 경쾌한 분위기를 주는 조명 효과
④ **로우키 모노:** 얼굴의 Shadow를 강조한 조명 효과
⑤ **컬러 배경:** 인물의 옷 색감을 추출하여 배경 색상으로 활용한 효과 (단, 무채색인 경우 랜덤으로 색상 제공)
⑥ **컬러 포인트:** 기존 제공하던 블러 효과 + 조명을 통해 인물을 화사하고 돋보이게 표현하는 효과
⑦ **효과 강도 조정 바**
⑧ **명암 조정 버튼**

●인물사진 모드로 촬영한 사진 보정

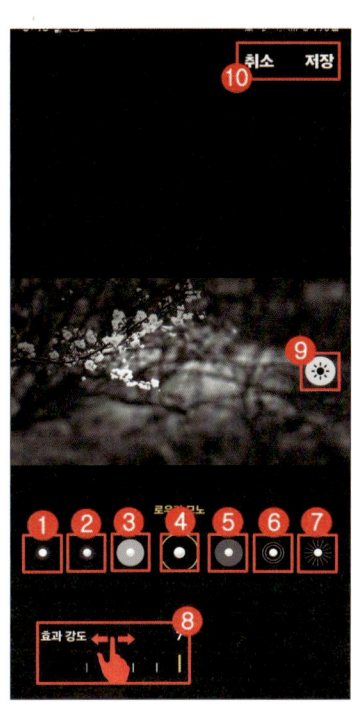

1 [상세 정보]를 터치합니다. **2** [배경효과]를 터치합니다.

3 ① [블러] ② [스튜디오] ③ [하이키 모노] ④ [로우키 모노] ⑤ [컬러 배경] ⑥ [컬러 포인트]

⑦ [스핀] ⑧ 각 효과의 강도를 조절하는 바이며 ⑨ 명암을 조절할 수 있습니다. ⑩ 보정한 사항을 취소하거나 저장할 때 터치합니다.

1 [상세 정보]를 터치합니다. **2** [리마스터]를 터치합니다. **3** ① 리마스터 선을 좌·우로 이동시키며 리마스터 전후를 비교할 수 있습니다. ② [공유] 버튼 ③ [저장] 버튼 ④ [더 보기]를 터치 다른 이름으로 저장 가능합니다.

●프로 모드

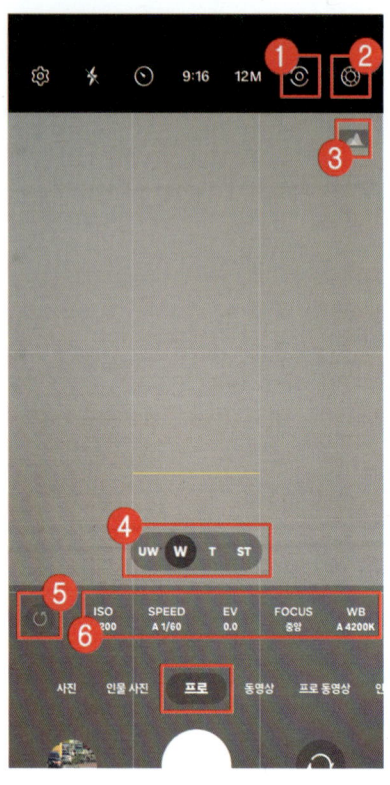

프로모드는 전문가 수준의 사진을 촬영할 수 있도록 도와주는 기능입니다. 이 모드에서는 사용자가 수동으로 색감, 초점, 셔터 속도, 빛의 양, 화이트밸런스, 노이즈(ISO) 등 카메라 설정을 조정할 수 있습니다.

① 측광 방법 변경 버튼

② 색조 조정 버튼

③ 히스토그램

④ 렌즈 선택

⑤ 프로기능 메뉴 초기화 버튼

⑥ 프로기능 메뉴

   - ISO(감도), 셔터 속도, 명암, 초점, 색온도(WB)

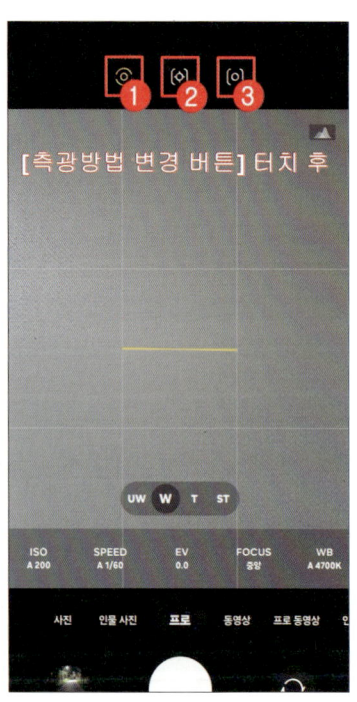

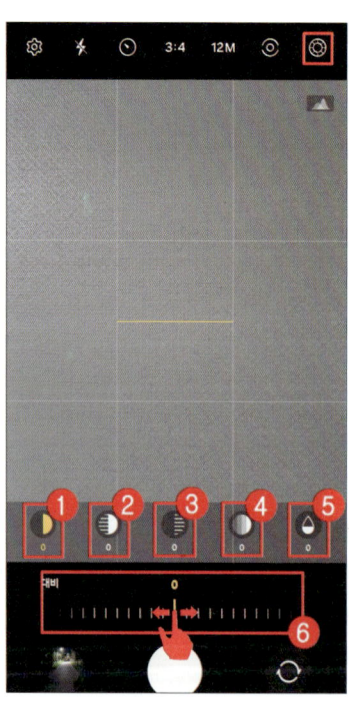

1 ① 상황에 맞게 **[중앙 집중 측광]** ② **[다분할 측광]** ③ **[스팟 측광]**을 선택합니다. **2** 상단의 **[색조 변경 버튼]** 터치 후 ① **[대비]** ② **[하이라이트]** ③ **[그림자]** ④ **[채도]** ⑤ **[틴트]** 버튼을 터치 한 후 ⑥ 조절바를 좌·우로 이동하여 각 옵션의 강도를 조정합니다. **3** ① 터치하면 ISO 옵션에 대한 설명이 나타납니다. ② **[자동·수동]** 변경 버튼 ③ 조절 바를 좌·우로 움직여 값을 선택합니다.

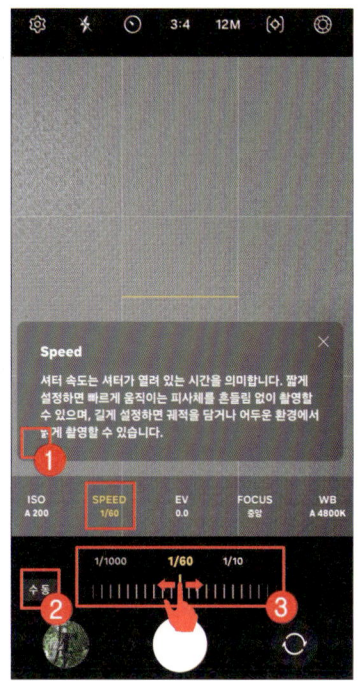
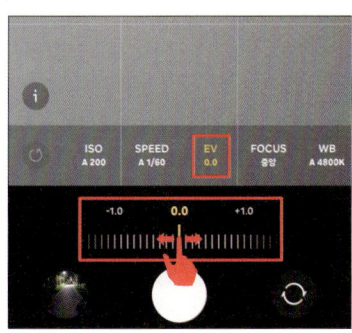
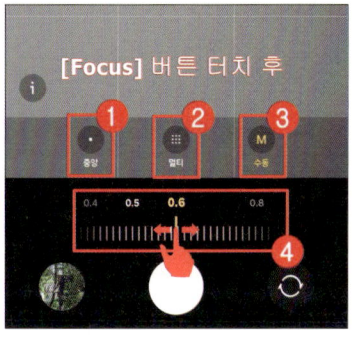
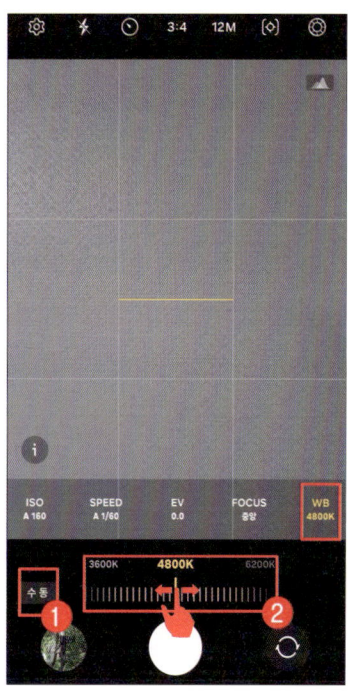

1 [스피드]를 터치 후 ① [정보] 버튼을 터치 시 스피드 옵션에 대한 설명이 나타납니다. ② [자동·수동] 변경 버튼 ③ 조절 바를 좌·우로 움직여 값을 선택합니다. **2** 위 사진에서 [EV]를 터치하여 노출값을 조정합니다. 조절바를 좌·우로 움직여 값을 선택합니다. 아래 사진에서 [FOCUS]를 터치하여 초점을 조절합니다. ① 자동 중앙 중점 ② 자동 멀티 ③ 수동을 터치하여 ④ 조절 바를 움직여 주 피사체에 초점을 맞춥니다. **3** [WB]를 터치해서 화이트밸런스 조정을 ① 자동·수동으로 할 수 있으며, ② 조절바를 좌·우로 움직여 화이트밸런스를 맞춥니다.

스마트폰 제대로 배우고 익히면 인생이 즐거워집니다!

● 프로 동영상 모드

프로 동영상 모드(Pro Video Mode)는 전문적인 동영상 촬영을 위해 설계된 기능입니다. 이 모드를 사용하면 사용자는 ISO, 셔터 속도, 노출, 초점 거리 등을 수동으로 조절할 수 있습니다. 이를 통해 사용자는 창의적인 동영상을 촬영하고 다양한 조명 조건과 촬영 환경에 최적화할 수 있습니다.

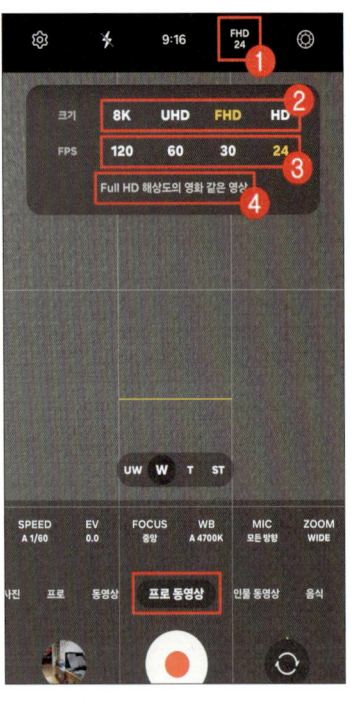 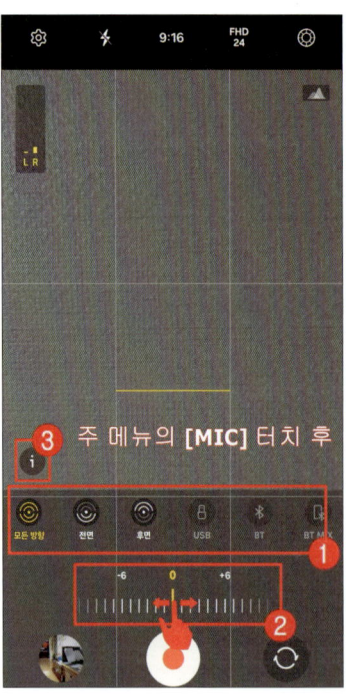 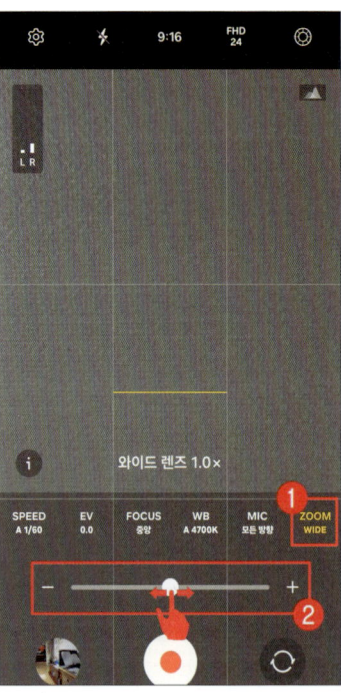

1 [프로 동영상]모드를 선택합니다. ① 촬영할 동영상의 해상도를 표시하는 옵션으로 터치하여 ② 화질의 크기와 ③ 초당 프레임 수를 선택할 수 있으며, ④ 선택한 해상도에 대한 설명이 나타납니다. **2** ① 마이크 방향을 선택합니다. ② 조절바로 소리크기를 조절합니다. ③ 터치하면 선택한 메뉴에 대한 설명이 나타납니다.

3 일정한 화각으로 촬영하지 않는 동영상을 촬영할 때 ① [ZOOM WIDE]를 터치 후 ② 슬라이드를 움직여 누르고 있으면 화면이 일정한 속도로 확대되거나 축소됩니다.

● 인물 동영상 모드

인물 동영상 모드는 일반 동영상 촬영 모드와 달리, 사람 인물이 있는 영상을 촬영할 때 그 효과를 더욱 확실하게 볼 수 있는 기능입니다. 드라마나 영화에서 볼 수 있는 주인공의 얼굴은 선명하고 주변 배경은 흐릿하게 아웃포커싱을 시킬 수 있는데, 그 강도를 사용자가 조절할 수 있습니다. 이를 통해 주인공을 더욱 돋보이게 하는 영상 작품을 얻을 수 있습니다.

또한, 인물 동영상 모드에서는 인물의 얼굴을 인식하여 초점을 맞추는 기능도 제공합니다. 이를 통해 인물의 얼굴이 더욱 선명하게 촬영되며, 촬영 중에도 인물의 얼굴을 추적하여 초점을 유지할 수 있습니다.

이 외에도, 인물 동영상 모드에서는 다양한 효과와 필터를 제공하여 촬영한 영상을 더욱 아름답게 꾸밀 수 있습니다. 예를 들어, 배경을 흐리게 처리하여 인물을 강조하는 효과나, 다양한 색감의 필터를 적용하여 영상의 분위기를 바꾸는 등의 기능이 있습니다.

배율(화각)을 선택할 수 있어, 사용자가 원하는 화각으로 인물 동영상을 촬영할 수도 있습니다.

1 ① [해상도] 선택 버튼(FHD 30, UHD 30 두 가지가 있는데 화질이 좋은 영상을 원하면 UHD 30으로 촬영하여야 합니다.) ② [렌즈배율] 선택 버튼 ③ [필터옵션] 버튼 **2** ① 렌즈배율 선택 버튼을 꾹 누르면 ② 렌즈배율 숫자가 나타나는데 촬영하고자 하는 상황에 맞는 배율을 선택합니다. **3** 필터 옵션 버튼을 터치하면 ① [블러], ② [빅서클], ③ [컬러포인트], ④ [글리치] 필터가 나타납니다. ⑤ 각 필터의 효과 강도를 조절 바를 움직여 효과를 주고 ⑥ "준비되었어요"라는 노란색 메시지가 나오면 촬영 하는데 피사체가 사람이 아니면 '얼굴을 인식시켜 주세요' 라는 메시지가 나타납니다. 촬영 전에 주인공을 꾹 누르면 초점이 맞춰지고 노출 정도를 조정할 수 있는 바가 나타나는데 + 쪽으로 움직이면 전체적인 노출을 화사하게 할 수 있습니다.

59

스마트폰 제대로 배우고 익히면 인생이 즐거워집니다!

● 음식 모드

음식 모드는 음식을 더욱 맛있게 보이게 촬영할 수 있는 모드로 음식의 색감이 더욱 선명해지고, 질감이 더욱 생생하게 표현되며, 음식의 모양과 배치를 더욱 돋보이게 하는데 다음과 같은 기능을 제공합니다.

> • **채도 조절:** 음식의 색감을 더욱 선명하게 만들어줍니다.
> • **화이트밸런스 조절:** 음식의 온도를 더욱 정확하게 표현해 줍니다.
> • **아웃포커싱:** 배경을 흐리게 처리하여 음식을 더욱 돋보이게 합니다.
> • **밝기 조절:** 음식의 질감을 더욱 생생하게 표현해 줍니다.

음식 모드를 사용할 때는 음식의 종류와 색감, 조명 등을 고려하여 적절한 설정을 해야 합니다. 또 구도를 잘 설정하여 촬영하면 더욱 멋진 음식 사진을 촬영할 수 있습니다.

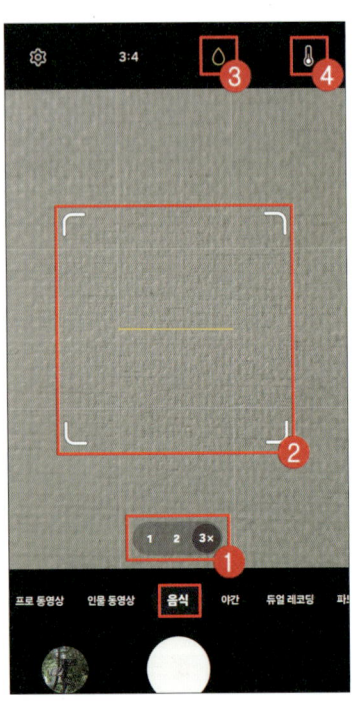 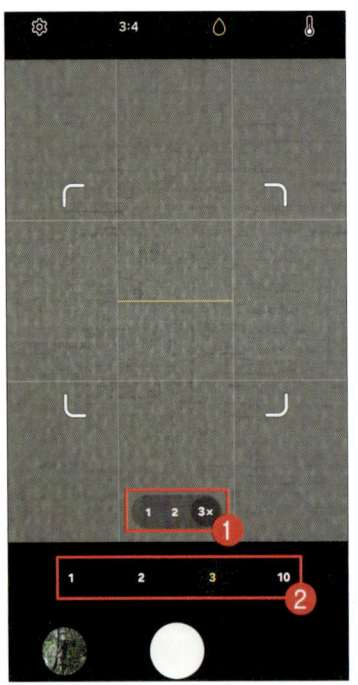 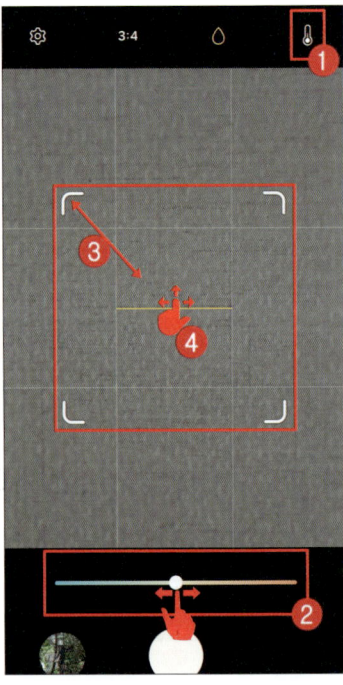

1 ① [**렌즈 줌**] 선택 버튼, ② [**초점 영역**] ③ [**블러 효과**] 켜짐·꺼짐 선택 버튼(블러 효과를 켜야 초점 영역이 나타남) ④ [**화이트밸런스**] 버튼 **2** ① [**렌즈 줌**] 선택 버튼을 터치하여 ② 렌즈배율을 선택하고 **3** ①[**화이트밸런스**] 버튼을 터치하여 색온도를 조정합니다. ② 조절바를 왼쪽으로 움직이면 푸른색이 강해지고, 오른쪽으로 움직이면 주황색이 강해집니다. ③ 초점 영역 크기와 ④ 초점 영역의 위치를 조정하여 촬영합니다.

 피자와 같은 음식이 평면인 것은 항공 샷으로, 케이크와 같은 입체적인 음식은 15도~45도 각도로 사이드 샷으로 촬영하면 더욱 선명하고 맛깔스럽게 촬영할 수 있습니다.
같은 음식이라도 다양한 각도에서 촬영해 보면 여러 가지 느낌이 나오며, 핵심이 되는 음식을 더욱 돋보이게 프레임에 꽉 차게 망원렌즈로 촬영하는 것이 좋은 사진을 얻을 수 있습니다.

● 슬로우모션 모드

슬로우모션 모드는 일반적인 동영상 촬영 속도보다 느리게 재생되도록 동영상을 촬영하는 기능입니다. 이 기능은 주로 스포츠 경기나 어린아이의 움직임과 같이 빠르게 일어나는 순간을 포착하여 느린 속도로 재생함으로써 장면의 세부적인 부분을 강조하거나, 재미있고 독특한 시각적 효과를 만들어내기 위해 사용됩니다.

일반적인 동영상 모드로 촬영할 경우 초당 24프레임, 30프레임, 60프레임을 촬영하나 슬로우모션 모드로 촬영하면 초당 120프레임, 240프레임 또는 그 이상(980프레임)으로 촬영할 수 있어 촬영된 동영상을 재생할 때 느린 속도로 변환되어 재생됩니다.

촬영된 슬로우모션 동영상은 편집 앱이나 소프트웨어를 사용하여 편집할 수 있으며, 필요에 따라 속도를 조절하거나 특정 구간을 선택하여 슈퍼슬로우모션 효과를 적용할 수 있습니다.

최근에는 스마트폰의 고성능화와 함께 더욱 높은 프레임 레이트와 해상도를 지원하는 슬로우모션 모드가 등장하고 있습니다. 이러한 기능은 더욱 세밀한 움직임을 포착할 수 있어, 전문적인 영상 촬영에도 활용될 수 있습니다.

1 [슬로우 모션]을 선택하고 ① [해상도] 옵션 버튼을 터치하여 ② 촬영하고자 하는 동영상의 해상도를 선택합니다. **2** ① 주 피사체를 길게 눌러 초점을 맞추고 ② 밝기를 조정하고 촬영합니다. **3** 갤러리에서 편집하고자 하는 동영상을 선택하고 편집 버튼을 터치하면 편집 창이 나타납니다. ① 동영상의 전체 길이를 조정할 수 있고 ② 일부 구간의 재생속도를 느리게 할 수도 있고, ③ 편집이 끝나면 [저장]을 터치합니다.

 슬로우 모션을 잘 활용하면 벌의 날갯짓, 우유 방울이 떨어지며 나타나는 왕관 모양, 수박에 포크를 끼우면 튀어나오는 과즙 방울 등 다양한 모습을 촬영할 수 있습니다.

● 하이퍼랩스 모드

하이퍼랩스는 시간의 흐름을 압축하여 빠르게 보여주는 촬영 기법으로 장시간 동안 촬영한 영상을 짧은 시간으로 압축하여 재생할 수 있어, 일상의 순간이나 여행에서 추억을 더욱 생생하게 기록할 수 있습니다.

하이퍼랩스 모드를 사용하기 위해서는 대부분의 스마트폰 카메라 앱에서 제공하는 하이퍼랩스 촬영 옵션을 선택해야 합니다. 사용자가 지정한 시간 동안 연속으로 촬영을 진행하며, 촬영된 영상을 자동으로 압축하여 재생할 수 있는 형태로 변환합니다.

촬영된 하이퍼랩스 영상은 편집 앱이나 소프트웨어를 사용하여 편집할 수 있으며, 필요에 따라 속도를 조절하거나 특정 구간을 선택하여 강조할 수 있습니다.

최근에는 스마트폰의 고성능화와 함께 더욱 다양한 하이퍼랩스 모드가 등장하고 있는데, 일부 스마트폰은 야간 하이퍼랩스 모드를 제공하여 어두운 환경에서도 촬영이 가능하며, 움직이는 물체를 추적하여 촬영하는 액티브 하이퍼랩스 모드를 제공하기도 합니다.

1️⃣ [하이퍼 랩스] 모드를 선택하고 ① [해상도] 선택 버튼(UHD와 FHD 중 선택) ② [촬영 시간] (촬영 시간은 무제한과 300분까지 선택할 수 있음) ③ [배속 시간] (5초를 선택하면 5초 동안 촬영한 동영상이 1초로 압축, 60초를 선택하면 60초 동안 촬영한 동영상이 1초로 압축됨) ④ [렌즈 줌(화각)] 선택 옵션 2️⃣ [촬영 시간] 메뉴 버튼을 터치하여 무한대, 10분, 30분, 60분, 120분, 180분, 300분 중 선택하고 3️⃣ [배속 시간] 메뉴 버튼을 터치하여 나타나는 옵션 중 하나를 선택하여 동영상을 촬영합니다.

 하이퍼랩스 촬영을 통해서 해변의 일몰 또는 일출, 별의 이동 모습, 식물의 자람, 구름의 이동 등 다양한 장면을 역동적으로 촬영할 수 있습니다.

●듀얼 레코딩(디렉터스뷰) 모드

듀얼 레코딩 모드는 전면과 후면 카메라를 동시에 사용하여 영상을 촬영하는 기능입니다. 이 모드를 사용하면 사용자는 전면과 후면 카메라로 촬영한 영상을 한 화면에 함께 담아 저장하거나 각각 분리하여 따로 저장할 수 있습니다.

듀얼 레코딩 모드를 사용하여 친구들과 함께 사진을 찍을 경우 사용자는 전면 카메라로 자신의 모습을 촬영하면서 후면 카메라로 친구들의 모습을 함께 촬영할 수 있습니다. 이렇게 촬영한 영상을 편집하면, 사용자는 자신과 친구들이 함께 있는 모습을 자연스럽게 담을 수 있습니다. 또한, 보이는 대로 하나의 동영상으로 저장을 선택하면 전/후면 카메라 영상이 한 화면의 영상으로 저장되며, 렌즈별 동영상 각각 저장을 선택하면 두 개의 영상으로 따로 분리되어 저장됩니다. 이러한 듀얼 레코딩 기능은 1인 미디어 시대에 최적화된 기능으로, 유튜버나 브이로거 등이 많이 사용하고 있습니다. 또한, 이 기능은 스마트폰의 멀티미디어 기능을 더욱 강화해 주며, 사용자에게 더욱 다양한 촬영 경험을 제공합니다.

1 ① [해상도] 선택 버튼(UHD와 FHD 중 선택) ② [저장옵션 변경] 버튼(전·후면 카메라로 촬영한 영상을 동일 영상으로 저장하는 기능과 각각 별개로 저장하는 기능이 있음) ③ [화면 변경] 버튼(PIP 방법과 화면분할 방법이 있음) ④ [렌즈 선택] 버튼 ⑤ PIP 방식의 화면 창을 선택하면 나타나는 창으로 손가락을 터치하여 이동할 수 있습니다. **2** 렌즈 선택 버튼을 터치하면 나타나는 창으로 전면, 울트라와이드, 와이드, 망원이 있는데 이 중 2개를 선택하고 확인 버튼을 터치합니다. **3** ① [이미지 촬영] 버튼(영상 촬영 중 이미지 촬영이 필요하면 터치하여 이미지 촬영을 할 수 있음) ② [전면·후면 카메라 변경] 버튼으로 터치하면 전면카메라와 후면카메라가 변경됩니다.

● 싱글테이크 모드

최대 10초 정도의 동영상 촬영으로 베스트샷 사진과 동영상을 자동으로 만들어주는 AI 카메라 기능입니다. 한 번의 촬영으로 다양한 각도, 초광각, 라이브 포커스, 타임랩스, 부메랑 등 다양한 렌즈와 기능을 활용하여 여러 개의 사진과 동영상(하이라이트 동영상, 슬로우 모션 동영상, 부메랑 동영상, 필터 적용 사진, 콜라주, 크롭샷)을 촬영합니다. 그다음 AI가 분석한 결과를 토대로 최대 10개의 베스트 사진과 최대 4개의 동영상을 갤러리에 저장합니다.

촬영 환경에 따라 결과물의 개수는 다를 수 있습니다. 또한, 이 모드를 선택하면 사용자가 직접 사진과 동영상을 선택하는 대신 AI가 촬영된 콘텐츠를 분석하여 최적의 결과물을 제공합니다. 이러한 기능은 일상에서 순간을 빠르고 간편하게 기록하고자 할 때 유용합니다. 특히 생일, 결혼식, 기념일, 졸업식 같은 특별한 순간에 다양한 장면을 한 번에 담고자 할 때 더욱 편리하게 사용할 수 있습니다.

 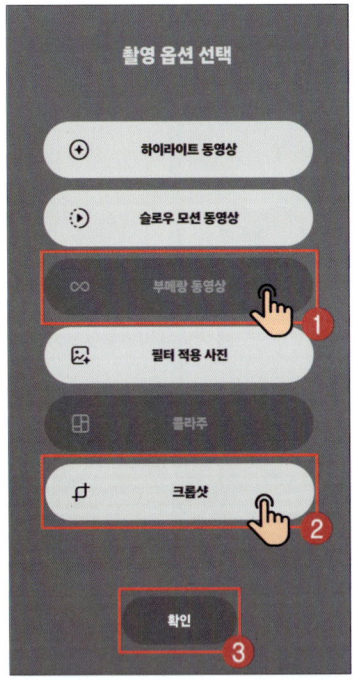 

1 ① [**싱글테이크**] 선택 버튼(터치하면 우측과 같은 창이 나타남) ② [**렌즈(화각) 줌**] 버튼(전면 카메라에는 줌 렌즈 선택 기능이 없음) **2** ① 터치하여 촬영 옵션을 끄면 적용되지 않고 ② 터치하여 촬영 옵션을 켜면 옵션이 적용됩니다. ③ 촬영 옵션을 선택하고 [**확인**]을 터치합니다. **3** ① 촬영 셔터를 터치하면 10초간 촬영이 되는데 [**+5초**]를 터치하면 추가로 5초를 더 촬영하게 됩니다. ② 10초간 촬영할 필요가 없을 시 촬영 중간에 셔터를 터치하면 촬영이 정지됩니다.

 기본적으로 갤럭시 S24 울트라의 싱글 테이크 셋팅은 10초로 되어 있지만 +5초까지 추가설정이 가능합니다. 단! 10초가 다 지나가기 전에 +5 버튼을 눌러줘야 하니 주의가 필요하겠습니다.
또한, 6초 정도만 촬영하고자 할 경우는 6초 정도에서 카메라 셔터를 터치하여 정지하면 됩니다.

1 ① 싱글테이크 모드로 촬영하고 갤러리에서 해당 영상을 열면 나타나는 화면입니다. ② 촬영된 이미지와 동영상의 개수를 나타내고 터치하면 오른쪽 그림과 같이 세부 명세를 볼 수 있습니다. **2** ① 싱글테이크 모드로 촬영된 동영상과 이미지 세부 명세들입니다.(왼쪽으로 드래그하여 추가로 볼 수 있음) ② 이미지와 동영상 중 베스트 결과물을 추천해 줍니다. ③ 동영상 재생 중 터치하면 오른쪽 이미지와 같이 해당 이미지 사진을 추가로 얻을 수 있습니다. **3** 동영상 재생 중 추가로 얻은 이미지입니다.

● 파노라마 모드

파노라마 모드는 일반적인 사진으로는 담을 수 없는 넓은 풍경이나 건축물 등을 한 장의 사진에 담을 수 있게 해줍니다. 이 모드는 사용자가 카메라를 수평으로 움직이면서 사진을 촬영하면 자동으로 여러 장의 사진을 이어 붙여 하나의 긴 이미지를 생성합니다.

특히 여행이나 관광에서 유용하게 사용됩니다. 또한, 사진에 깊이감과 입체감을 부여할 수 있어 예술적인 표현도 가능하지만, 촬영 시 카메라를 수평으로 유지해야 하며, 움직이는 물체나 사람이 포함될 경우 이미지가 왜곡될 수 있으니 주의해야 합니다.

① [렌즈(화각) 줌]을 선택하고 ② 촬영 셔터를 터치 후 ③ 수평이 맞게 한쪽으로 카메라를 천천히 움직이며 촬영하는데 촬영하고자 하는 결과물을 다 담았으면 셔터를 터치하여 촬영을 끝냅니다.

※ 파노라마 사진은 가로로 촬영하는 것보다 세로로 촬영하여야 이미지의 활용도가 높습니다.

● 야간 모드

야간 모드는 어두운 환경에서도 더 나은 사진을 촬영할 수 있도록 도와주는 기능으로 일반적으로 카메라는 어두운 곳에서 충분한 빛을 확보하지 못해 사진이 어둡게 나오거나 노이즈가 발생하는 경우가 많습니다. 그러나 야간 모드를 사용하면 카메라가 자동으로 더 많은 빛을 수집하여 사진의 밝기와 선명도를 향상시킵니다.

노출 시간을 늘려 더 많은 빛을 수집하거나, ISO 값을 높여 빛에 대한 민감도를 높이는 방식으로 촬영하는데 이를 통해 어두운 곳에서도 밝고 선명한 사진을 촬영할 수 있습니다.

최근에는 인공지능 기술을 활용하여 촬영 후에 후처리 기술을 활용하여 노이즈를 제거하거나, 색상을 보정하거나, 밝기를 조절하는 등 사진의 화질과 색감을 더욱 개선합니다.

야간 모드를 사용할 때는 삼각대나 고정된 물체에 카메라를 고정해 카메라의 흔들림을 최소화하는 것이 좋습니다.

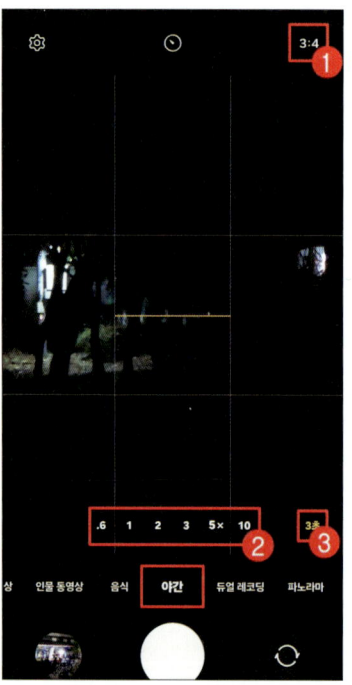 

1 ① [**화면 비율**]을 선택하고 ② [**렌즈 줌 화면 배율**]을 선택하여 카메라를 촬영하고자 하는 피사체로 향하게 하면 ③ 카메라가 인공지능 기술을 활용하여 촬영 시간을 표시해 줍니다.

2 셔터 버튼을 터치하면 촬영하고 있는 시간을 표시해 줍니다.

● 스마트폰 카메라 촬영모드 배치하기

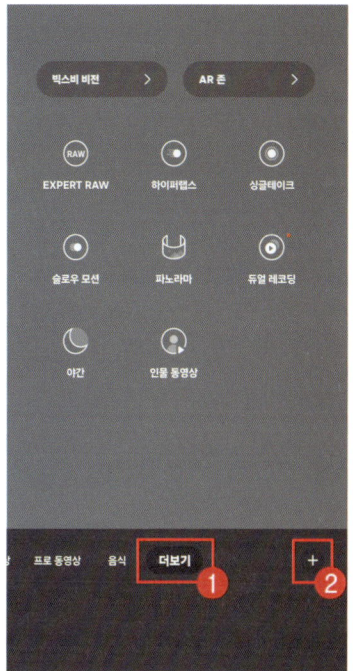 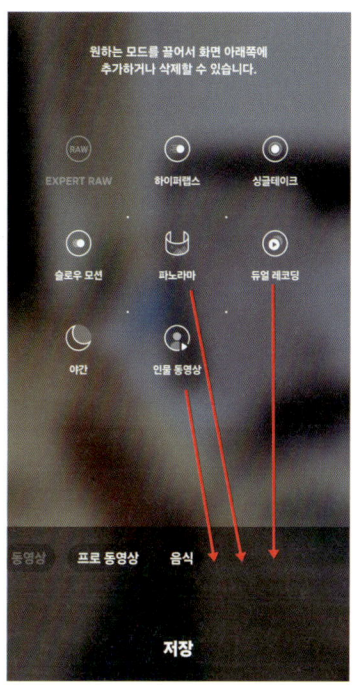 

1 ① [더 보기]를 선택하고 ② [+]을 터치합니다. **2** 촬영 모드를 손가락으로 드래그해서 카메라 촬영 모드바(Bar) 영역으로 옮깁니다. **3** ① 촬영 모드의 배열 순서를 조정하여 배치합니다. ② [저장] 버튼을 터치하여 저장합니다.

전문가 수준의 스마트폰 카메라 촬영 노하우

● EXPERT RAW 앱 설치

 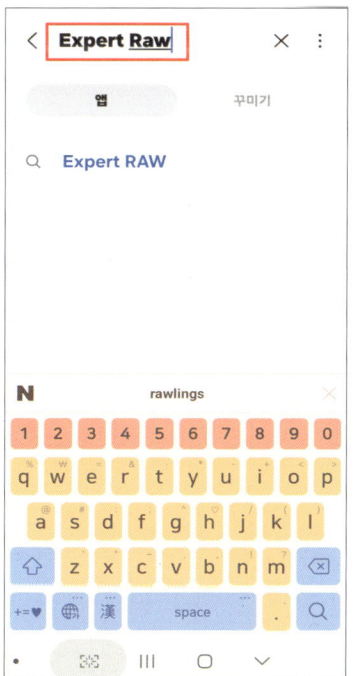 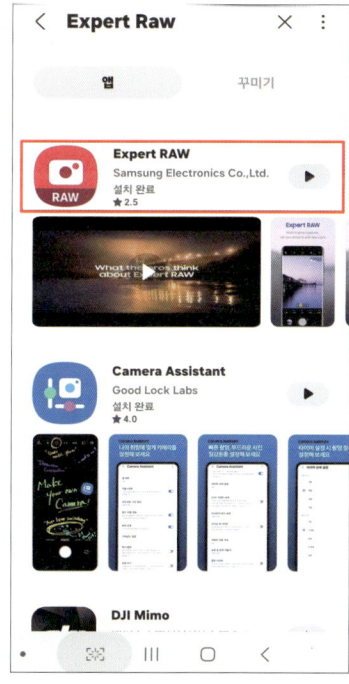

1 ① [갤럭시 스토어] 앱을 터치합니다. **2** [Expert Raw]를 검색합니다.

3 [Expert Raw] 앱을 설치합니다.

● EXPERT RAW 앱 이란?

Expert Raw는 삼성 갤럭시 스마트폰에서 제공하는 전문가 수준의 사진 촬영을 가능하게 해주는 앱으로 일반 카메라 앱과 달리 사진의 모든 정보를 담고 있는 Raw 파일을 저장하여 더욱 자유롭고 정밀한 후처리가 가능하게 하고 있습니다.

• Expert Raw의 특징

- **Raw 파일 저장:** JPEG 파일과 달리 Raw 파일은 카메라 센서에서 얻은 순수한 이미지 데이터를 그대로 저장하여, 노출, 화이트 밸런스, 색온도 등을 더욱 자유롭게 조절할 수 있습니다.
- **전문적인 설정:** ISO, 셔터 속도, 화이트 밸런스 등을 수동으로 조절하여 다양한 환경에서 최적의 사진을 촬영할 수 있습니다. 다중 노출 촬영, 천체사진 촬영, ND 필터를 이용한 장노출 촬영을 할 수 있습니다.
- **다양한 기능:** HDR, 노이즈 감소 등의 고급 기능을 통해 더욱 풍부하고 디테일한 사진을 얻을 수 있습니다.
- **후처리 편의성:** Adobe Lightroom, Capture One 등 전문적인 사진 편집 프로그램과 호환되어 더욱 심도 있는 편집이 가능합니다.

• Expert Raw 사용 시 주의 사항

- Raw 파일은 JPEG 파일보다 훨씬 큰 용량을 차지하므로 저장 공간을 충분히 확보해야 합니다.
- Raw 파일을 편집하는 데는 JPEG 파일보다 더 많은 시간이 소요될 수 있습니다.
- Raw 파일을 효과적으로 편집하기 위해서는 사진 편집에 대한 기본적인 지식이 필요합니다.

● 다중노출 촬영

다중 노출 사진 촬영은 한 프레임 안에 여러 장의 사진을 겹쳐서 독특한 효과를 내는 촬영 방식으로 창의적인 표현 방식으로 사용되는 다양한 예술 작품에서 볼 수 있습니다.

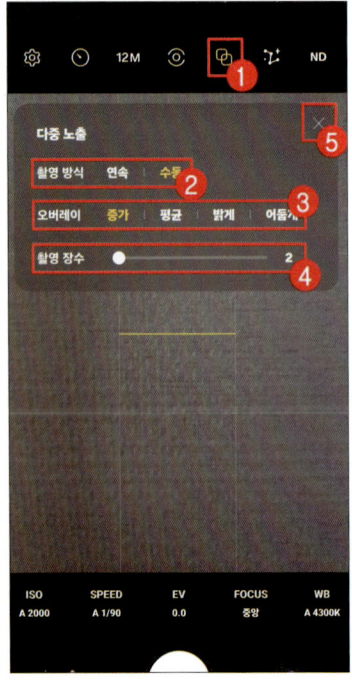

① [다중노출] 옵션을 선택하면 왼쪽 그림과 같이 창이 열립니다.

② [촬영 방식] 메뉴 중 연속이나 수동 옵션을 선택합니다.

※ 연속촬영 방식은 여러 장의 사진을 빠르게 촬영한 후 한 프레임 안에서 합성하는 방식으로 움직이는 대상이나 순간적인 장면을 포착할 때 사용하며, 수동 촬영 방식은 셔터를 여러 번 눌러 각각의 사진을 촬영한 후 한 프레임 안에서 합성하는 방식으로 정적인 대상이나 시간의 흐름을 표현할 때 사용합니다.

③ [오버레이] 메뉴 중 하나의 옵션을 선택합니다.

※ 단순 가산, 가중 평균 가산, 밝은 부분만 합성, 어두운 부분만 합성 총 4가지 옵션 중 선택할 수 있습니다.

④ [촬영 장수] 메뉴 바를 움직여 2~9장 중 촬영 매수를 선택합니다.

⑤ 옵션 선택을 끝내고 [×] 버튼을 터치합니다.

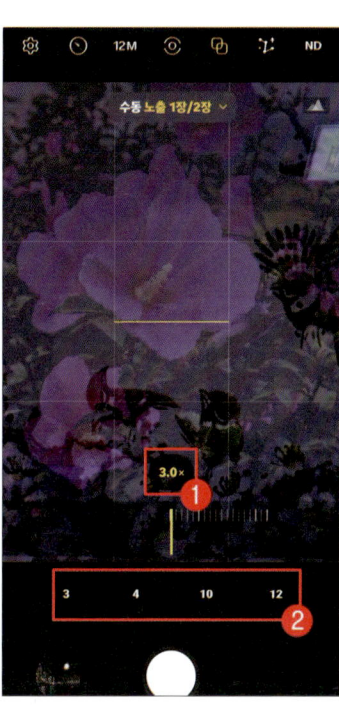

1️⃣ 화각에 맞는 적당한 [렌즈 줌]을 선택합니다. 2️⃣ ISO, 셔터 속도, 포커스, 화이트 밸런스를 조정하고 셔터 버튼을 터치하여 1장을 촬영합니다. 3️⃣ ① [렌즈 줌]을 길게 누르면 줌 렌즈 메뉴와 줌 조정 바가 나타나는데 ② 이 중 화각에 맞는 하나의 옵션을 선택합니다.

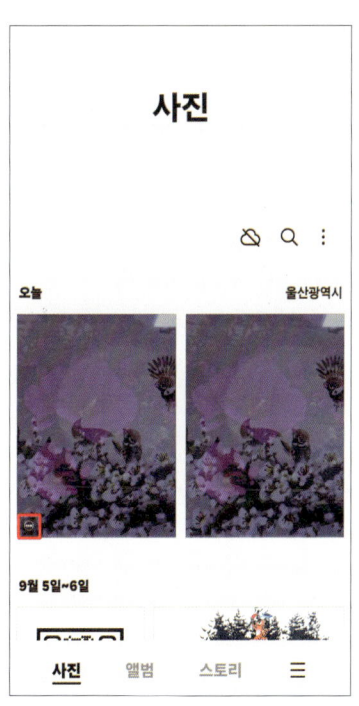

1️⃣ 다시 ISO, 셔터 속도, 포커스, 화이트 밸런스를 조정하고 셔터 버튼을 터치하여 사진을 촬영합니다.

2️⃣ 촬영 장수 메뉴에서 정한 컷 수만큼 사진을 촬영하면 갤러리에 사진이 저장됩니다.(카메라 상세 설정을 터치한 후 사진 저장 형식에서 RAW 및 JPEG 형식을 설정하면 갤러리에 RAW 파일도 같이 저장됩니다.)

3️⃣ 다중노출로 촬영한 결과물입니다.

● 천체사진 촬영

천체 사진 모드에서는 최대 10분까지 장시간 노출이 가능하여 스마트폰에 지구 자전으로 인해 별이 움직이는 것을 보정하는 **[적도의]** 기능이 있어 별이 흐르지 않고 은하수와 같은 천체를 선명하게 촬영할 수 있습니다. 또한 셔터 속도, 초점 등의 카메라 설정을 사용자가 직접 조정할 수 있어 촬영 환경에 따라 최적의 사진을 얻을 수 있으며, 후 편집을 통해 더욱 높은 퀄리티의 사진을 얻을 수 있습니다.

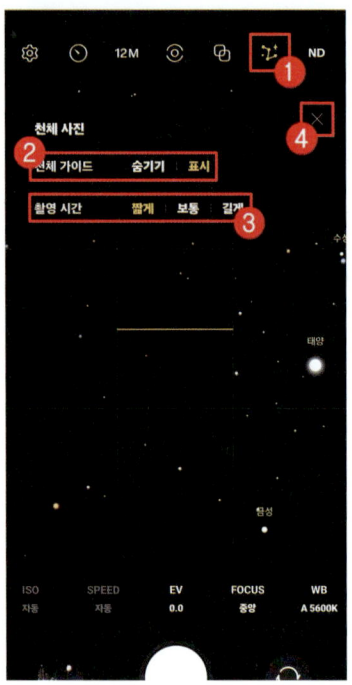 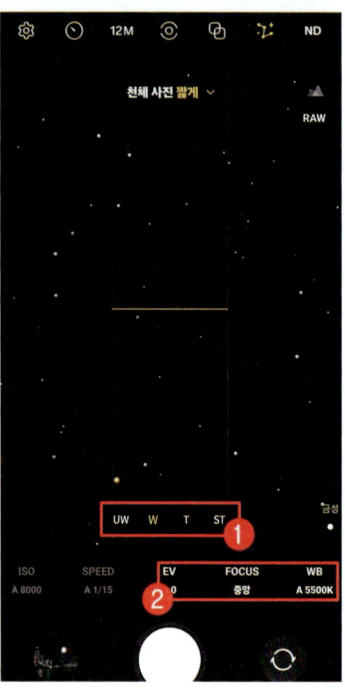 

1 ① **[천체사진]** 옵션을 터치합니다. ② **[천체 가이드]** 메뉴 중 숨기기나 표시 옵션을 선택합니다. ③ **[촬영 시간]** 메뉴 중 하나의 옵션을 선택합니다. ④ 옵션 선택을 끝내고 **[×]** 버튼을 터치합니다. **2** ① 화각에 맞는 줌 렌즈를 선택합니다. ② WB, 명암, 초점을 조정 후 촬영합니다. **3** 북두칠성을 촬영한 사진입니다.

은하수를 담은 사진

● 장노출 사진 촬영

ND 필터는 렌즈로 들어오는 빛의 양을 줄여주는 역할을 하며, 이를 활용하면 밝은 낮에도 장노
출 촬영이 가능해져 물의 흐름이나 구름의 움직임 등을 더욱 부드럽게 표현할 수 있습니다.

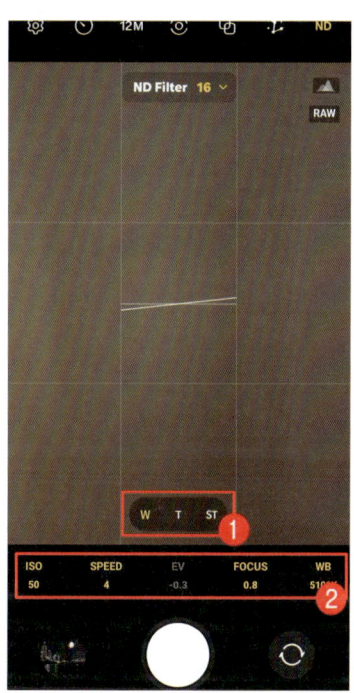

1️⃣ ① [ND 필터] 옵션을 터치합니다. ② 조절 바를 움직여 ND 필터 강도를 설정합니다. ③ [×] 버튼을
터치합니다. 2️⃣ ① 화각에 맞는 줌 렌즈를 선택합니다. ② ISO, WB, 셔터 속도, 초점을 조정하고 촬영
합니다.

물의 흐름을 담은 사진

스마트폰 제대로 배우고 익히면 인생이 즐거워집니다!

3 포토에디터 사용법 (카메라 설정 및 메뉴)

포토 에디터는 갤럭시 폰의 갤러리에 내장되어 있으며, 사진 편집을 더욱 쉽고 재미있게 만들어 주는 다양한 기능을 제공하여 사진 초보자부터 전문가까지 누구나 쉽고 편리하게 사용할 수 있는 강력한 사진 편집 도구입니다.

간편한 사용법, 다양한 편집 도구와 필터, AI 기반 자동 보정, 원본 보호, 실시간 미리보기 등을 이용하여 편리하게 편집 작업을 할 수 있습니다.

● 포토에디터의 장점

❶ **휴대폰으로 간편하게 고품질 사진 편집** : 별도의 사진 편집 프로그램 없이도 휴대폰에서 바로 고품질의 사진을 편집할 수 있습니다.

❷ **창의적이고 다양한 표현** : 다양한 편집 기능을 활용하여 자신만의 개성 넘치는 사진을 만들 수 있습니다.

❸ **SNS 공유에 최적화** : 편집한 사진을 바로 SNS에 공유할 수 있도록 다양한 공유 기능을 제공합니다.

1 ① 갤러리에서 사진을 선택한 후 손가락으로 사진을 위로 밀면 ②와 같은 AI 보정메뉴가 나타납니다. **[리마스터]**를 터치하면 자동 보정되며, 이 기능은 단 한 번의 터치로 간편하게 보정해줍니다.

2 직접 편집을 하기 위해서는 사진을 선택한 후 하단에 나타나는 **[편집연필]**을 터치합니다.

3 첫 번째 편집 화면입니다. **[하단 메뉴]**가 기본편집 버튼이고 이 버튼의 선택에 따라 상단 메뉴가 달라집니다.

1 ① [자르기] 버튼입니다. ② 순서대로 [좌우반전], [회전], [프레임크기] 버튼입니다. 세 번째에 위치한 [free]를 터치하여 2 다양한 프레임 크기를 선택할 수 있습니다. 먼저 가로, 세로를 선택하고 사이즈를 선택하면 됩니다. 3 ① [기울기], [수평], [수직]을 조절하는 버튼입니다. ② 아래 게이지 가운데를 손가락으로 꾹 누른 채 좌우로 움직여 조절합니다. 이 기능은, 비뚤어진 사람이나 건물, 나무 등을 바로 세울 때 유용합니다.

1 ① 사진의 색감을 조절하는 [필터] 메뉴입니다. ② 다양한 필터들이 사진에 적용된 효과를 보면서 필터를 선택하면 됩니다. 2 필터적용의 강도는 아래 게이지를 조절하면 됩니다. 3 ① [상세보정] 메뉴입니다. ② [라이트발란스], [밝기], [노출], [대비], [하이라이트], [채도], [색온도], [선명도], [명료도] 등 다양한 조절메뉴들이 나타납니다.

1 ①을 선택하면 ② **[그리기]**, **[스티커]**, **[텍스트]** 메뉴가 나타납니다.

2 ① **[그리기]** 도구를 선택하여 ② 색상과 투명도, 선의 굵기를 조절합니다.

3 **[그리기 도구]**에 따라 ① 선 ② 하이라이트 ③ 모자이크가 그려집니다.

1 **[스티커]**를 터치하면 다양한 스티커 카테고리가 나옵니다. ① 갤러리 아이콘을 선택하면 갤러리 사진을 스티커로 만들 수 있습니다. **2** **[+]**를 터치하여 갤러리에서 사진을 선택 후 **[컷아웃]** 스타일을 선택하면 스티커 사진에 흰색 테두리가 생깁니다. **3** 갤러리의 사진이 스티커가 되어 사진 위에 나타납니다. 이는 사진 합성과 같은 효과가 있고, 썸네일 제작 시 사용하면 좋습니다.

 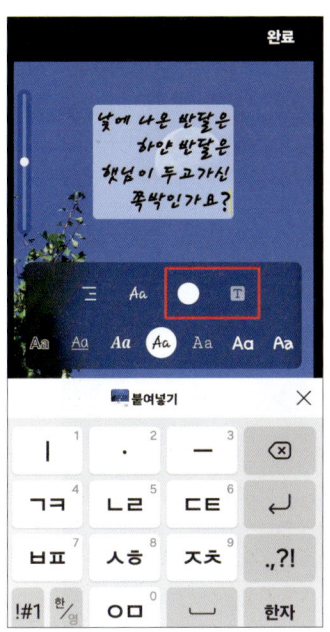 

1 [텍스트 입력] 화면입니다. ① 정렬, 글자체, 글자색을 선택합니다. ② 글자체는 12개 정도입니다.

2 T를 터치하여 글자 배경막을 선택할 수 있습니다. 터치를 한번 하면 불투명, 두 번 하면 반투명, 세 번 터치하면 배경막이 없어집니다. 배경막 색은 하얀원을 터치하여 고를 수 있습니다.

3 글자를 다 쓰고 나면 위쪽 [완료]를 터치합니다. 그 후 손가락으로 위치와 크기를 설정할 수 있습니다.

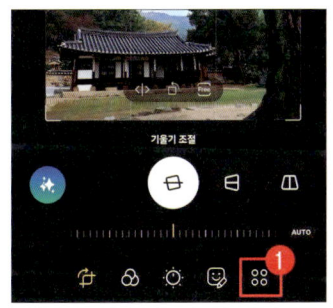 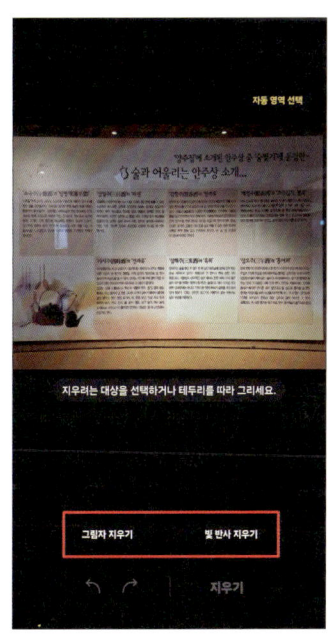 

1 ①을 터치하면 ②와 같은 [AI 편집기능]들이 나타납니다.

2 [AI지우개]를 터치해서 사진에 있는 그림자나 빛반사를 제거할 수 있습니다.

3 사진에 빛 반사 지우기를 하니 이전보다 선명하게 글씨가 나타납니다. 비록 완벽하지는 않지만, 실제 사용에 있어 유용한 기능입니다.

1 포토에디터의 우수한 기능 중 하나가 AI 지우기입니다.

① [자동영역 선택] 기능이 있어 ② 지우려는 개체를 손끝으로 톡 터치하거나 영역을 대강 그리면 개체가 선택됩니다. 하단의 지우기를 터치하면 2 선택된 영역이 감쪽같이 사라집니다. 사라진 영역은 AI가 주변의 정보를 인지해서 주변과 비슷한 느낌으로 채워줍니다.

AI 편집기능에는 AI 지우기 외에 [영역 자르기], [부분색칠], [색상 조정], [스타일 조정]이 있습니다. 1 첫 번째 사진은 [영역 자르기]입니다. 자르고 싶은 부분의 영역을 대강 손으로 그리면 자동적으로 개체에 맞춰진 영역이 선택됩니다. [다음]을 터치하여 테두리 굵기를 조절합니다. 2 두 번째 사진은 [부분색칠] 기능입니다. 남기고 싶은 색을 손끝으로 터치하여 선택하면 그 색상만 컬러로 표현되고 나머지 부분은 흑백으로 변합니다. 강렬한 색상 하나를 강조할 때 사용하면 좋습니다. 3 세 번째 사진은 [색상조정] 기능입니다. 색상 선택 후 색조, 채도, 밝기를 게이지를 조절하여 보정할 수 있습니다. 4 네 번째 사진은 [스타일 조정]입니다.

1 인물사진의 경우 ①의 AI 도구모음을 터치하면 **2** [얼굴 리터칭] 버튼이 나타납니다.

3 피부결, 피부톤, 턱선, 눈의 크기, 잡티제거, 배경흐리기, 적목제거를 할 수 있습니다. 원하는 부분을
선택 후 아래쪽 게이지를 이용하여 변화의 정도를 설정하면 됩니다.

❶ 원본사진과 편집사진의 비교

사진을 편집할 때 원본과 비교하며 보정하는 것이 좋습니다. 보정하는 중간중간 손끝으로 사진을 잠시
꾹 누르면 원본의 상태가 나타납니다.

❷ 원본사진으로 다시 돌아가고 싶을 때

편집이 끝나 저장을 했는데 맘에 들지 않는 경우가 있습니다. 이 때는 사진을 선택한 후 다시 편집 아이콘인
연필을 터치하여 편집 화면이 나타났을 때 위쪽에 있는 원본복원을 터치하면 바로 원본으로 돌아갑니다.

❸ 원본사진을 보관하고 싶을 때

편집된 사진과 원본사진 둘 다 보관하고 싶을 때는 편집 사진을 최종적으로 저장하기 전 [저장] 글자 옆에
있는 [삼점]을 터치하면 [다른 파일로 저장]이 나타납니다. 이것을 터치하면 원본과 편집 사진이 모두
저장됩니다.

❹ 이미지의 크기를 줄이고 싶을 때

위의 [다른 파일로 저장] 아래에 [크기 변경] 메뉴가 나옵니다. 사진의 크기를 20%에서 80%까지 줄일
수 있습니다.

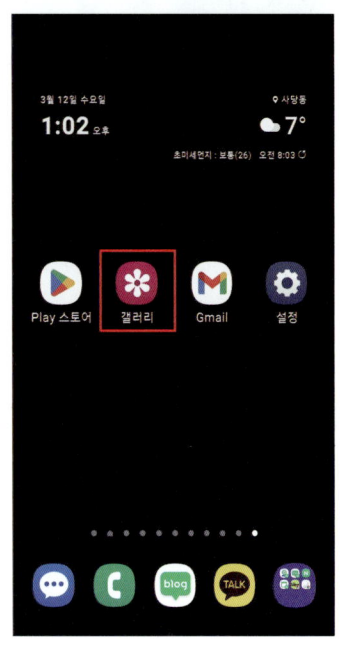

1 갤러리 앱에서 갤러리에 저장된 사진 및 동영상을 확인하고 편집할 수 있으며 폴더를 만들어 앨범으로 분류하여 관리할 수 있습니다.

2 ① 사진과 동영상을 OneDrive에 동기화할 수 있습니다.

② 키워드(사람, 위치, 문서, 가구, 풍경 등)로 검색할 수 있습니다.

③ 사진과 동영상 모든 사진이 분류없이 날짜순으로 볼 수 있습니다.

④ 사진과 동영상을 앨범별로 분류해서 볼 수 있습니다.

⑤ 사진과 동영상을 날짜, 위치, 피사체 등을 기반으로 자동 정리하여 앨범처럼 구성해 줍니다.

⑥ 더보기 버튼으로 더 많은 메뉴를 확인할 수 있습니다.

3 ⑦ 동영상만 분류해서 볼 수 있습니다.

⑧ 중요한 사진과 동영상을 빠르게 찾을 수 있도록 모아두는 공간입니다.

⑨ 최근 순으로 사진과 동영상을 확인할 수 있습니다.

⑩ 사용자의 사진 및 동영상을 분석하여 다양한 방식으로 활용할 수 있도록 제안합니다.

⑪ 사진과 동영상에 저장된 위치 정보를 활용하여 촬영 장소별로 정리하고 검색할 수 있습니다.

⑫ 특정 사용자들과 사진 및 동영상을 클라우드를 통해 공유하고 함께 관리할 수 있습니다.

⑬ 삭제된 사진과 동영상을 일정 기간(30일) 동안 임시로 보관하여 복구할 수 있습니다.

⑭ 사용자가 사진 및 동영상 관리, 편집, 백업, 공유 등 다양한 기능을 설정할 수 있습니다.

24강 갤러리 휴지통 및 즐겨찾기 활용하기

1 갤러리 휴지통 기능

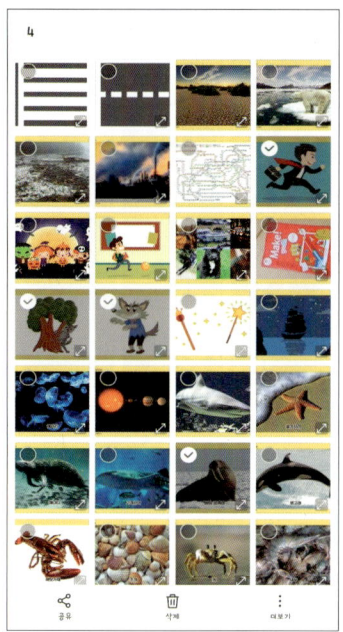  

1 사진목록에서 삭제할 사진을 선택합니다.

2 ① 사진을 선택 후 [삭제]를 터치합니다.

3 ② 사진 삭제가 맞는지 창이 뜹니다. 여기서 [휴지통으로 이동]을 다시 한번 터치합니다.

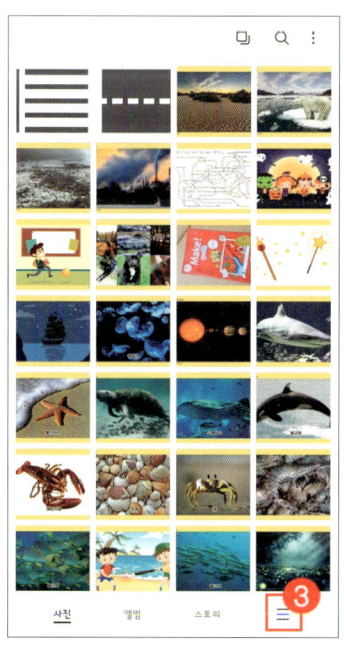  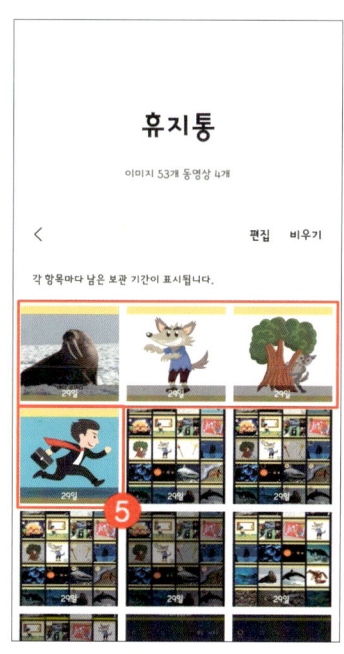

1 사진목록에서 사진이 삭제되었습니다. 삭제된 사진을 보려면 ③ [삼선줄 ☰]을 터치합니다.

2 ④ [휴지통]을 터치합니다.

3 ⑤ 휴지통 목록에 [삭제한 사진]이 보입니다.

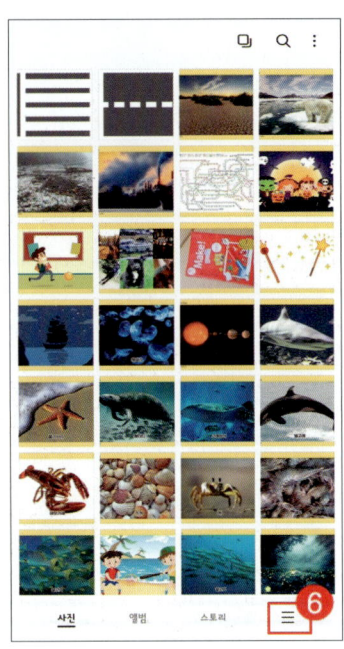
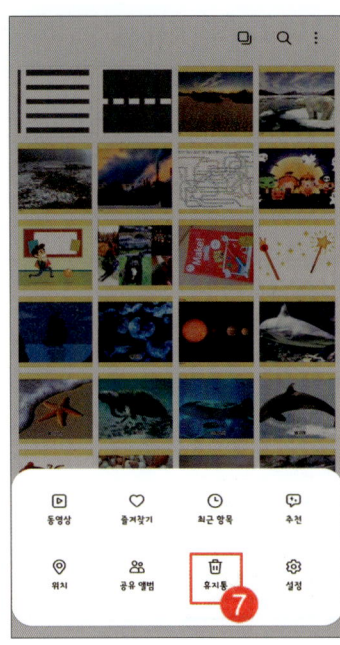
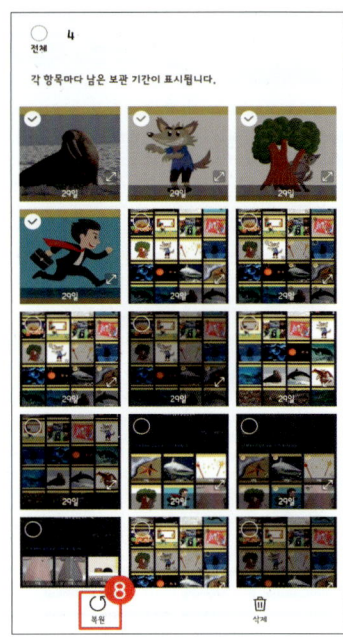

1 사진을 실수로 삭제하였을 경우 ⑥ 사진목록에서 [삼선줄 ☰]을 터치합니다.

2 ⑦ [휴지통]을 터치합니다.

3 ⑧ 복원하고자 하는 사진을 선택하고 [복원]을 터치합니다.

1 복원한 사진은 목록에 다시 나타납니다.

2 ⑨ 삭제한 사진 및 동영상을 복원하기 위해서는 [삼선줄 ☰]을 터치합니다.

3 ⑩ [설정]을 터치합니다.

갤러리 설정 목록에서 휴지통을 [체크]합니다. 휴지통을 활성화하면 사진 및 동영상이 30일 동안 보관됩니다. 휴지통을 비활성화일 경우 사진 및 동영상은 바로 삭제됩니다.

스마트폰 제대로 배우고 익히면 인생이 즐거워집니다!

2 갤러리 즐겨찾기

1 [갤러리]를 터치합니다.

2 ① 사진목록에서 즐겨찾기 할 [사진]을 선택합니다.

3 ① 사진 하단에 [♡]를 터치합니다.

1 [하트모양]이 빨간색으로 바뀌었습니다.

2 사진목록에서 보면 사진 위에 **[빨간색 하트]**가 나타납니다.

3 ① [삼선줄 ☰]을 터치합니다.

1 ① **[즐겨찾기]**를 터치합니다.

2 즐겨찾기 선택한 **[사진]**을
볼 수 있습니다.

25강 인공지능 음성서비스 제미나이

1 제미나이 설치 및 실행

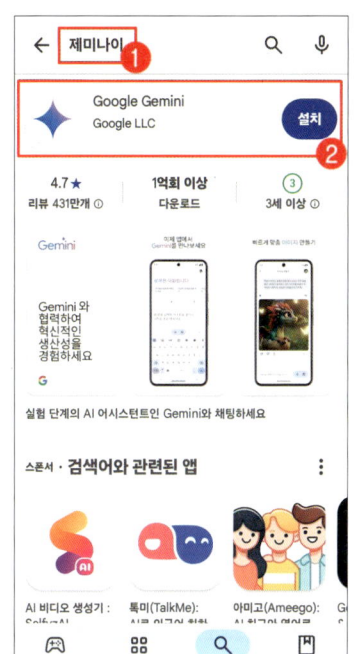
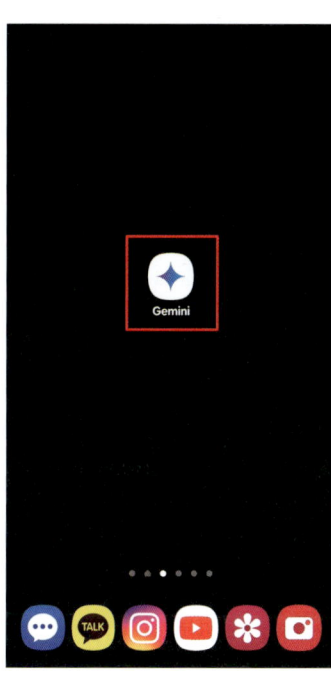

1 [Play 스토어 ▷] 앱을 터치하여 실행합니다. **2** ① [검색창]에 [제미나이]를 검색하여 ② 설치합니다. **3** [제미나이] 앱을 터치하여 실행합니다.

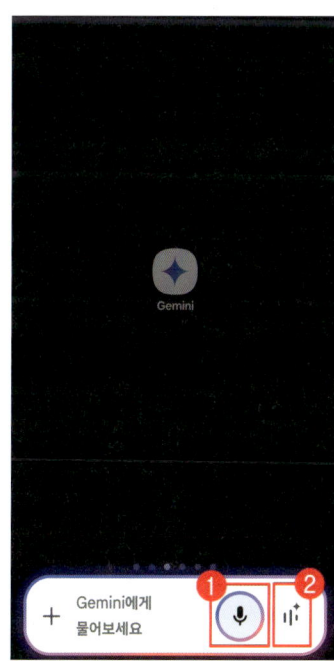

1 하단의 [전환] 버튼을 터치합니다. **2** [Gemini 사용하기] 선택하여 터치합니다. 참고로 [Google 어시스턴트]는 음성으로 명령을 수행하는 AI 도우미이고, [Gemini]는 글쓰기, 이미지 생성 등 생성형 AI 기능이 강화된 새로운 도우미입니다. **3** ① 마이크 버튼을 터치하면 음성으로 질문하거나 명령할 수 있습니다. ② **실시간 음성 대화 모드**(Gemini Live)가 시작됩니다. 화면을 보고 말하면서 질문하고, 답변을 듣는 방식으로 더 자연스럽고 인터랙티브한 AI 활용이 가능합니다.

2 제미나이 음성 설정

  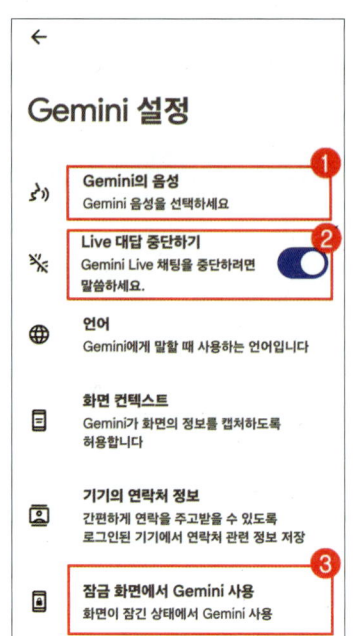

1 설정에서 [Google]을 선택하여 터치합니다. **2** [모든 서비스]를 터치하면 Google 앱 설정 관련해 여러 메뉴가 뜨게 되는데, 그 중에서 [검색, 어시스턴트 및 Voice]를 터치합니다. **3** [Gemini 설정] 에서 ① Gemini가 말할 때 사용하는 목소리를 선택할 수 있습니다. ② Gemini Live 음성 대화를 잠시 멈추고 싶을 때 사용할 수 있습니다. ③ 스마트폰이 잠겨 있어도 Gemini를 사용할 수 있게 설정합니다.

1 [Gemini의 Google 어시스턴트 기능]을 선택합니다. **2** ① 음성으로 [제미나이]를 사용하며 Google 어시스턴트에 액세스할 수 있습니다. ② ["Hey Google" 및 Voice Match]를 터치합니다. **3** ① 언제든지 " Hey Google "을 말하면 음성 대화 채널이 열립니다. ② 내 음성을 인식하도록 스마트폰에게 학습을 시키는 기능입니다.

3 Voice Match 모델 학습 시키기

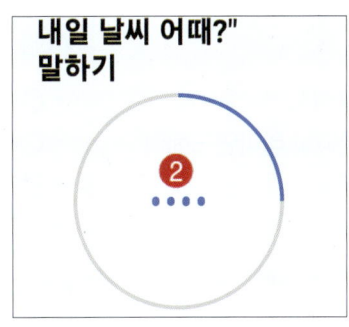
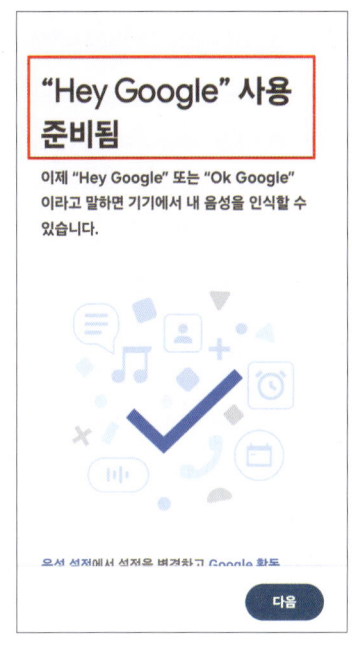

1 ① [Voice Match 모델 학습시키기]에서 4단계에 걸쳐 화면에서 지시하는 문구대로 말합니다.

2 나의 음성 인식이 완료되면 ["Hey Google" 사용 준비됨]문구와 함께 음성 학습을 완료합니다.

4 제미나이 음성 명령해 보기

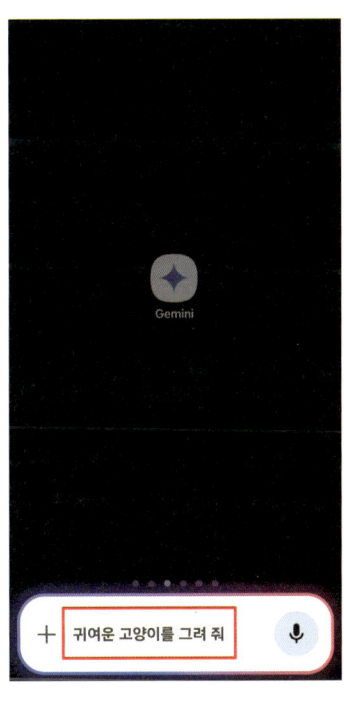
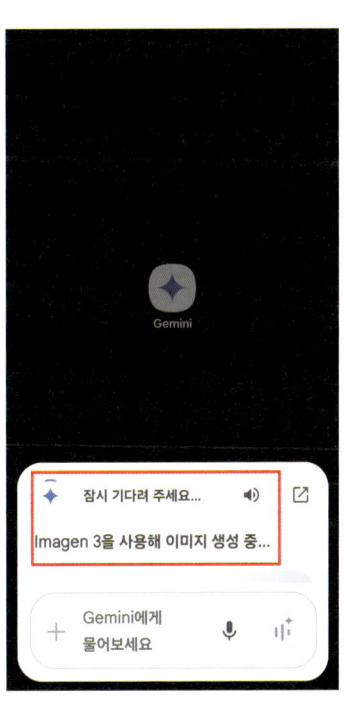

1 " Hey Google "이라고 말하면 [제미나이 입력창]이 열립니다. 이때 " 귀여운 고양이를 그려 줘 " 하고 말합니다. 2 잠시 기다리면 지시한 대로 이미지를 생성합니다. 3 완성된 이미지를 감상합니다.

5 구글 제미나이 명령어

리마인더 ("알려줘"라고 해도 됨)

- ○○○에게 열 시에 전화하라고 알려줘
- 내일 아침 10시에 ○○○에게 미팅한다고 리마인드해줘
- 리마인드한 내용을 다 보고 싶다면,
  "리마인드 보여줘" 하면 됨

시간

- 지금 몇 시야?
- 9시에 알람 해줘
- 아침 7시에 깨워줘
- 타이머 1분 설정
- 지금 미국 뉴욕 몇 시야?
- 20분 후에 알람 해줘
- 내일 일몰 시간은?
- 타이머 취소해줘

질문

- 100제곱 미터는 몇 평?
- 36인치는 몇 센티미터?
- 100달러 환율 알려줘
- 바나나 칼로리는?
- 스타벅스 아메리카노 가격은?
- 이마트 영업시간은?

게임

- 500+300+29+90*20은?
- 주사위 굴리기(주사위 숫자가 나옴)
- 가상 여친(가상 남친) 불러줘(답답할 수 있음)
- 1부터 100까지 숫자 중 아무 숫자 뽑아줘

동영상

- 강아지 동영상 보여줘
- 메이크업 영상 보여줘
- 제주도 한라산 영상 보여줘

뉴스

- 뉴스 들려줘
  (각 방송사 이름 대고 "뉴스 들려줘" 해도 됨)

소리(유튜브의 경우 광고를 봐야 하는 경우도 있음)

- 빗소리 들려줘
- 백색소음 들려줘
- 비 오는 숲 소리 들려줘

로스트 폰(폰을 찾고자 할 때)

- 내 폰 어디 있어? (내 기기 찾기 앱이 열립니다)

전화 (스마트폰에 저장된 전화번호만 가능함)

- ○○○에게 전화 걸어줘
- ○○○에게 문자 보내줘
- 안 읽은 문자 읽어줘
- ○○○에게 "가고 있다"라고 문자 보내줘

번역, 통역

- "고맙습니다"가 스페인어로 뭐야?
- 중국어로 "안녕"이 뭐야?
- 영어로 통역해줘
- 중국어로 통역해줘

날씨

- 오늘 날씨 알려줘
- 내일 날씨 어때?
- 내일 비와?
- 오늘 미세먼지 어때?
- 오늘 서울 날씨 알려줘
- 내일 뉴욕 날씨 알려줘

지역, 위치

- 가장 가까운 커피숍이 어디야?
- 근처 칼국수 집 알려줘
- 전주에서 가볼 만한 곳은?
- 지금 내 위치 지도로 보여줘

음악

- 이 노래 제목 알려줘
- 볼륨 최대로 해줘. 볼륨 꺼줘
- 볼륨 50%로 해줘
- 명상 음악 들려줘
- 삼성 뮤직에서 "오라버니" 틀어줘
- 'G선상의 아리아' 틀어줘

레시피

- 등갈비 만드는 방법 알려줘
- 된장찌개 레시피 알려줘
- 볶음밥 재료 알려줘
- 불고기 양념 알려줘

1 카카오톡 친구탭 설정하기

① [**하단 메뉴**]: 친구, 채팅, 지금, 쇼핑, 더보기 순으로 구성됩니다. (현재 화면은 첫 번째인 친구탭입니다.)

② [**프로필**]: 내 프로필 편집, 상태메시지 변경, 프로필 관리 등을 할 수 있습니다.

③ [**상단 메뉴**]: 검색, 친구추가, 선물함, 설정 순으로 구성됩니다. 친구나 채팅방, 오픈채팅 등을 검색하고, 전화번호, QR코드, ID 등으로 친구 추가를 할 수 있습니다.

④ [**친구목록**]: 친구 수가 표시됩니다. 눌러서 친구 전체 목록을 볼 수 있습니다. 프로필 사진과 이름이 함께 보여집니다.

⑤ [**게시물 피드 (프로필 게시글)**]: 친구들이 올린 상태글, 사진, 영상 등을 볼 수 있는 공간입니다. 카카오톡 개편 시 보여지는가장 큰 변화 중 하나입니다.

1 ① [**나와의 채팅**]: 본인과 1:1로 대화할 수 있는 개인 메모 공간입니다. ② [**새 게시물**]: 프로필에 글이나 사진을 올릴 때 사용하는 버튼입니다. 또한 짧은 글, 사진, 동영상, 스티커 등의 게시물을 올릴수 있습니다. ③ [**프로필 편집**]: 내 프로필을 꾸밀 수 있는 메뉴로서 프로필 사진, 배경 이미지, 상태메시지, 음악 등을 바꿀 수 있습니다. **2** [**점 3개**] 메뉴는 내 프로필을 관리하고, 기록을 확인하거나 특별한 날짜를 표시할 때 사용하는 관리 도구입니다. **3** [**프로필 공유**]에서는 QR코드로 내 프로필을 공유할 수 있습니다.

2 내 프로필 편집하기

1 [친구탭] 화면에서 본인의 이름을 터치하여 프로필 편집 화면으로 들어갑니다.

2 네이버 블로그, 유튜브 채널, 사업 홈페이지, 예약 링크 등 외부 링크를 연결할 수 있습니다.

3 프로필 편집 화면의 펜을 터치하여 이름과 상태메시지를 변경합니다.

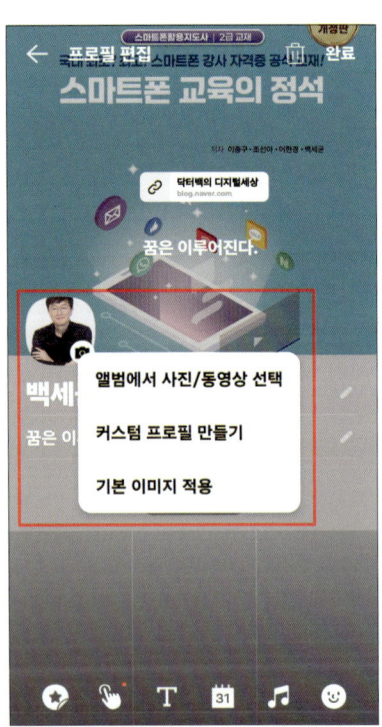

1 [프로필 사진]의 카메라 아이콘을 터치하여 프로필 사진을 변경합니다. 앨범에서 사진/동영상 선택, 커스텀 프로필, 기본 이미지 등 다양한 사진을 적용할 수 있습니다. 2 프로필 편집 화면 중간에 [배경 편집]을 터치하여 배경 사진을 변경합니다. 3 [도구 모음]으로서 프로필 사진 변경, 상태메시지 입력, 디데이 설정, 음악 추가, 이모티콘 꾸미기 기능을 제공합니다. 즉, 내 프로필을 개성 있게 꾸미고 수정할 수 있는 도구 모음입니다.

3 친구 목록 관리하기

1 [**친구 목록**]을 눌러 전체 친구 목록 화면으로 들어가는 단계입니다.

2 [**편집**] 버튼을 누르면 즐겨찾는 친구와 일반 친구가 구분되어 표시됩니다.

3 관리할 친구를 선택하면, 하단에서 [**숨김**], [**삭제**], [**차단**] 기능을 사용할 수 있습니다.

1 친구 이름을 터치하면 프로필 사진, 배경화면이 표시되며, 하단에는 [**1:1 채팅**]과 [**통화**]버튼이 나타납니다. **2** 화면 상단의 [**선물박스**]와 [**원화**] 아이콘에서 [**선물하기**] 및 [**송금하기**]를 할 수 있습니다.

3 오른쪽 끝의 [**점 3개**] 아이콘을 누르면 [**즐겨찾기**], [**멀티프로필 설정 (친구별로 다른 프로필을 보여줄 때 사용)**], [**친구 설정 (친구 이름 변경, 친구 숨김, 친구 차단, 친구 삭제)**] 등 관리를 할 수 있습니다.

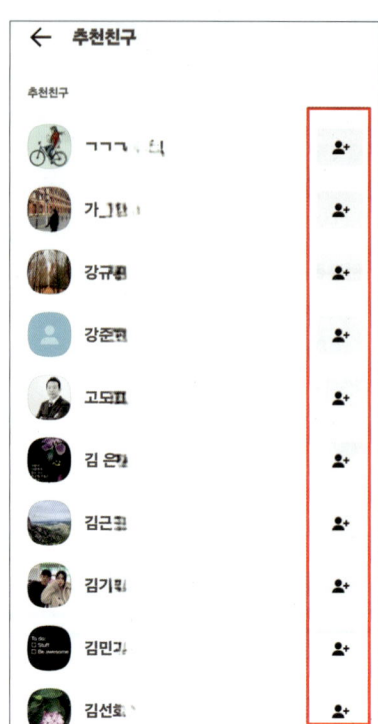

1 카카오톡 화면 상단의 메뉴 중 사람모양 아이콘은 [**친구 추가**] 입니다. **2** ① 친구추가 화면에 본인의 QR코드가 보여지며, ② 상단에 [**QR코드, 연락처, 카카오톡 ID, 추천친구**] 등 다양한 친구추가 방법이 있습니다. **3** ① [**추천친구**]에는 추가 버튼이 있어 눌러서 친구로 등록 합니다.

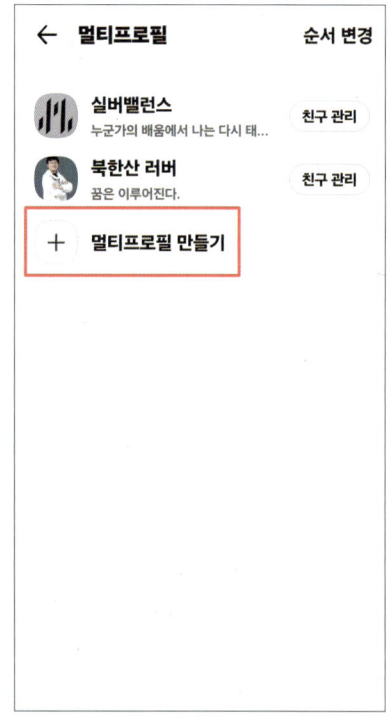

1 카카오톡 화면 상단의 [**선물박스**] 아이콘에서 [**선물하기**]를 할 수 있습니다.

2 ① 우측 상단 끝에 톱니바퀴 모양은 [**설정**] 아이콘으로서, [**멀티프로필, 친구관리, 전체설정**] 기능을 제공합니다. ② [**멀티프로필**]에서는 나의 멀티프로필을 관리할 수 있습니다.

3 새 멀티프로필을 만들고 순서를 바꿀 수 있고, 또한 내 프로필을 보여줄 친구를 지정할 수 있습니다.

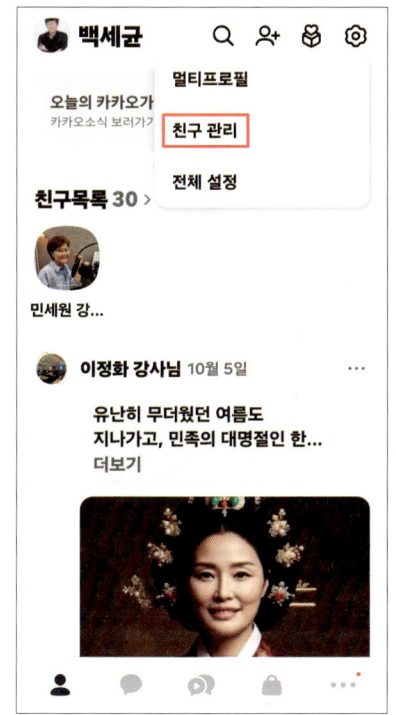

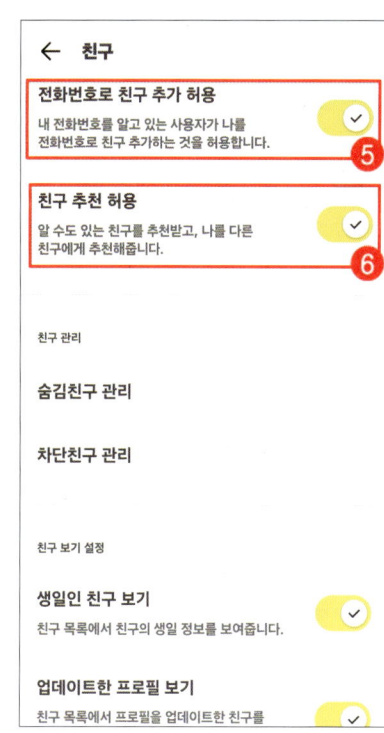

1 카카오톡의 [설정] 아이콘에서 [친구 관리] 메뉴를 통해 다양한 친구 관리 기능을 설정할 수 있습니다. 각 기능에 대해 자세히 살펴보겠습니다.

2 ① [친구 관리] 기능 중 [자동 친구 추가]는 내 연락처에서 카카오톡을 사용하는 친구를 자동으로 친구목록에 추가하는 기능입니다. 이를 통해 별도의 수동 추가 없이도 연락처에 있는 사람들과 쉽게 소통할 수 있습니다.

② [친구 목록 새로고침] 기능은 내 연락처에 추가한 친구를 즉시 친구 목록에 추가하는 기능입니다. 카카오톡 친구 목록과 내 연락처의 목록을 조회하여 통일시키는 기능입니다. 연락처와 카카오톡 친구 목록을 동기화하여 최신 상태로 유지하는 데 유용합니다.

③ [연락처 이름 가져오기] 기능은 내 연락처에 저장되어 있는 이름으로 카카오톡 친구 목록에 동일한 이름으로 적용됩니다.

④ [친구 이름 동기화] 기능은 연락처에서 가져온 친구 이름을 다른 기기나 카카오 게임 등에서도 동일하게 보여주는 기능입니다.

3 ⑤ [전화번호로 친구 추가 허용] 기능은 사용자가 자신의 전화번호를 알고 있는 다른 사람들이 자동으로 친구로 추가되는 것을 허용하거나 차단하는 설정입니다. 이를 통해 원치 않는 사람의 자동 친구 추가를 방지할 수 있습니다.

⑥ [친구 추천 허용] 기능은 카카오톡이 사용자의 연락처, 공통 친구 등을 기반으로 알 수 있는 사람들을 추천하거나, 사용자를 다른 사람에게 추천하는 것을 허용하거나 차단하는 설정입니다. 만약, 누군가가 내 전화번호를 알게 되어 저장했을 시 자동으로 상대방의 카카오톡 친구가 되는 경우를 차단하는 기능입니다.

4 전체 설정 메뉴 살펴보기

1 ① [관리]: 프로필 및 전화번호, 비밀번호 등 계정 정보를 관리하는 메뉴입니다.

② [카카오계정]: 카카오톡에 로그인한 계정을 확인하고, 계정 보안 및 연결된 서비스 설정을 할 수 있습니다.

③ [개인/보안]: 개인정보 보호 및 보안 설정을 변경할 수 있는 메뉴입니다.

④ [친구]: 친구 목록 및 친구 추천, 친구 관리 기능을 설정할 수 있는 메뉴입니다.

⑤ [알림]: 카카오톡 메시지 및 기타 알림 설정을 조정하는 메뉴입니다. 소리, 진동, 메시지 미리보기 설정 등을 조절할 수 있습니다.

⑥ [화면]: 글씨 크기, 배경화면 설정 등 화면 스타일을 조정하는 메뉴입니다.

⑦ [테마]: 라이트 모드, 다크 모드 등 카카오톡의 디자인 테마를 변경합니다.

⑧ [채팅]: 채팅 관련 기능을 설정하는 메뉴입니다. 자동 다운로드, 채팅방 글씨 크기, 말풍선 스타일 변경 등이 가능합니다.

⑨ [이모티콘]: 구매한 이모티콘 확인 및 정리, 스티커 등을 관리합니다.

2 ⑩ [통화]: 카카오톡 음성 및 영상 통화 설정을 관리하는 메뉴입니다.

⑪ [언어]: 카카오톡에서 사용할 기본 언어를 선택하는 메뉴입니다.

⑫ [데이터 및 저장공간]: 카카오톡에서 사용하는 모바일 데이터, 와이파이, 저장 공간을 관리하는 메뉴입니다. 캐시 삭제, 미디어 자동 다운로드 설정 등을 조정할 수 있습니다.

⑬ [실험실]: 카카오톡에서 새롭게 실험 중인 기능을 체험할 수 있는 메뉴입니다.

⑭ [기타]: 위 항목에 포함되지 않은 추가 기능 및 설정을 모아둔 메뉴입니다. 카카오톡 사용과 관련된 다양한 기능을 확인할 수 있습니다.

3 [카카오 계정] 메뉴에서는 사용자의 계정 정보 및 보안 설정을 관리할 수 있습니다. 이메일과 전화번호를 포함한 기본 정보 확인 및 변경분만 아니라, 로그인 보안 강화를 위한 다양한 기능을 설정할 수 있습니다. 또한, 패스키 및 2단계 인증과 같은 최신 보안 기술을 활용하여 계정을 더욱 안전하게 보호할 수 있습니다.

5 채팅탭 메뉴 살펴보기

1 ① 하단 메뉴의 말풍선 아이콘이 [**채팅탭**]입니다. ② [**전체**]에서는 모든 채팅방이 시간순으로 표시됩니다. **2** ① [**안읽음**]을 누르면 아직 읽지 않은 메시지가 있는 채팅방만 볼 수 있습니다. ② 현재 읽지 않은 메시지가 없음을 표시하고 있습니다. **3** [**ChatGPT**] 와 연결되는 탭입니다.

1 [**ChatGPT**]를 터치하며 들어온 화면입니다. [**무엇이든 물어보세요**] 라는 문구에 직접 질문을 입력할 수 있습니다. **2** 하단의 [**+**] 버튼을 누르면 사진 전송, 이미지 만들기, 불러오기 등의 추가 기능이 표시됩니다. **3** 오른쪽 위의 [**목록**] 아이콘을 누르면 '대화목록 보기', 'Kakao Tools 사용팁', '설정' 등 부가 메뉴가 나타납니다.

6 채팅방 폴더 만들기

 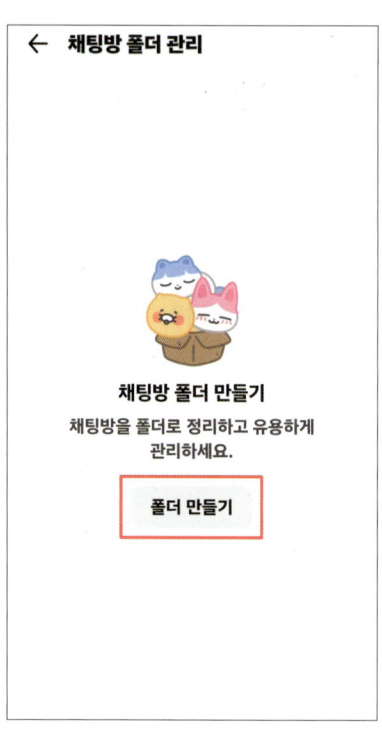 

1 오른쪽 상단의 [채팅방 폴더 관리] 메뉴를 눌러 채팅방 정리 메뉴로 들어갑니다. 2 [폴더 만들기]를 선택하여 새로운 폴더를 만들 준비를 합니다. 3 [폴더 편집] 화면이 열리면 ① 새 폴더 이름을 입력한 뒤 아래의 ② [채팅방 추가] 버튼을 눌러 등록합니다.

7 새로운 채팅 시작하기

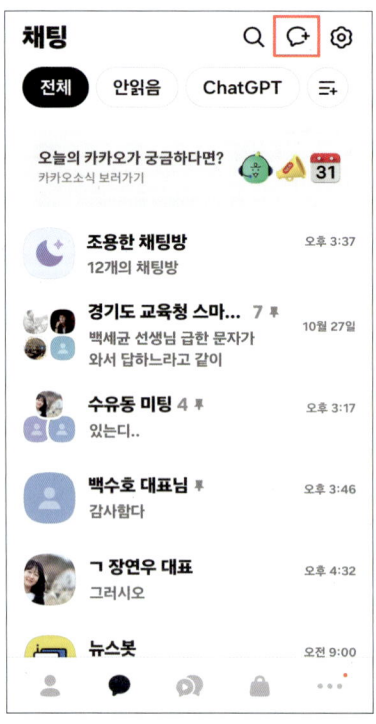 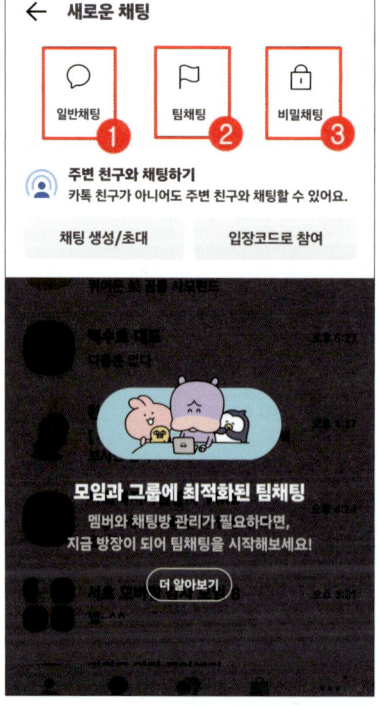 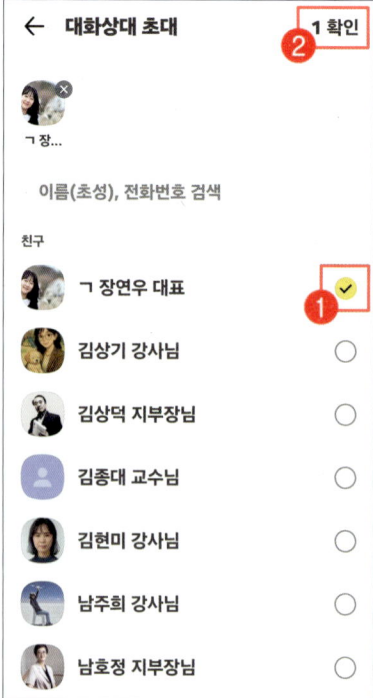

1 오른쪽 상단의 [말풍선] 아이콘을 터치하여 새로운 채팅을 시작합니다. 2 ① [일반 채팅]: 일반 대화를 시작합니다. ② [팀채팅]: 여러 명을 초대해 그룹 대화를 시작합니다. ③ [비밀 채팅]: 보안이 강화된 채팅입니다. 3 ① 초대할 사람을 선택한 후, ② 오른쪽 상단의 [확인] 버튼을 눌러 채팅방을 생성합니다.

8 팀채팅 만들기

 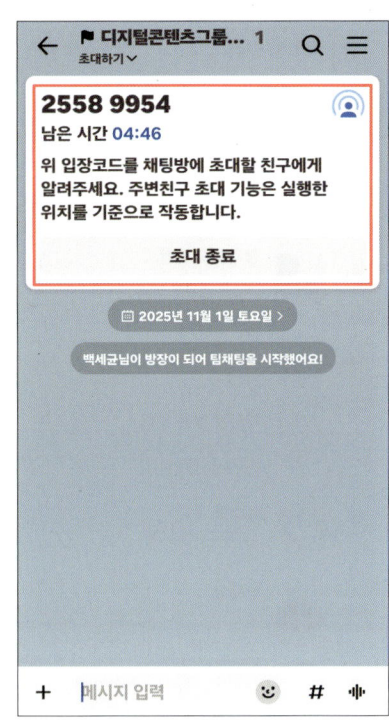 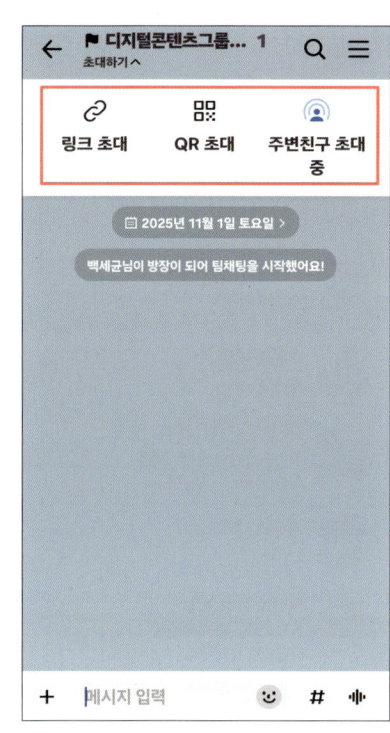

1 ① [팀 이름]을 설정하고, ② [확인]을 눌러 팀채팅방을 만듭니다.

2 생성된 초대 코드를 이용해 일정 시간 내 친구를 초대합니다.

3 [링크, QR, 주변친구 초대] 등 다양한 방식으로 추가 초대가 가능합니다.

9 비밀채팅

 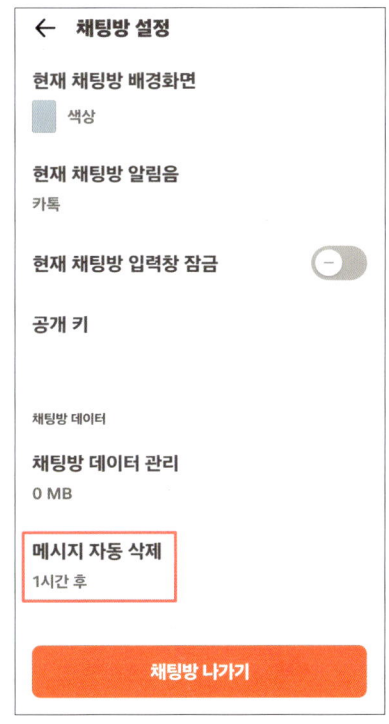 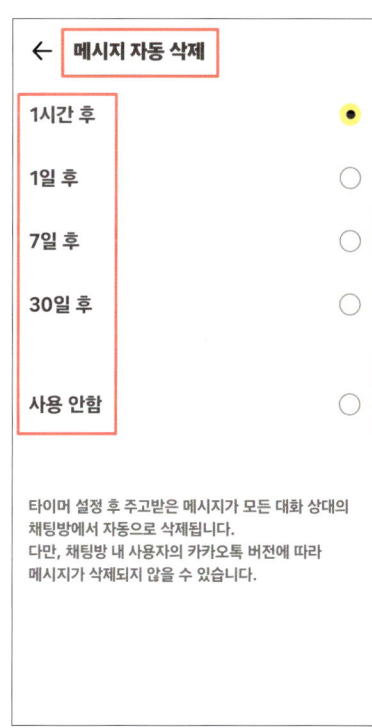

1 [비밀채팅]은 모바일에서만 사용할 수 있는 보안 채팅입니다.

2 채팅방 설정에서 [메시지 자동 삭제] 시간을 선택할 수 있습니다.

3 1시간, 1일, 7일, 30일 중 원하는 시간 후에 자동으로 삭제되도록 설정합니다.

10 채팅방 설정

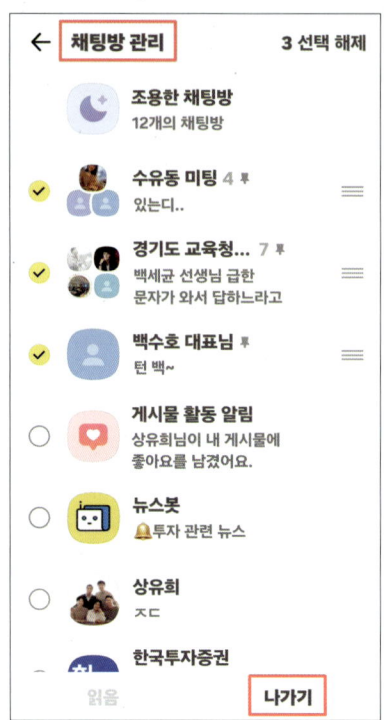
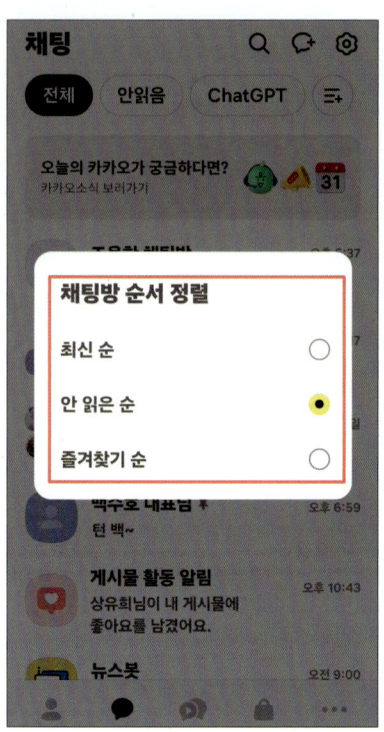

1 채팅탭 상단의 [설정]에서 '채팅방 관리', '정렬', '채팅방 폴더 설정' 등을 선택할 수 있습니다.

2 [채팅방 관리]에서 여러 채팅방을 선택하여 [나가기]를 할 수 있습니다.

3 [정렬]을 선택하여 채팅방을 최신 순, 안 읽은 순, 즐겨찾기 순으로 정렬할 수 있습니다.

1 ① 카카오톡 채팅 목록을 폴더별로 구분해서 볼 수 있도록 [폴더 만들기]를 할 수 있습니다. ② 카카오톡에서 새롭게 도입된 기능으로 [ChatGPT]를 사용할 수 있습니다. **2** ChatGPT 사용을 비활성화하게 되면 메뉴 상단 메뉴 항목에서 ChatGPT가 보이지 않습니다. **3** 채팅방 폴더 사용을 비활성화 했을 경우 상단의 메뉴 항목 자체가 보이지 않습니다.

11 지금탭 알아보기

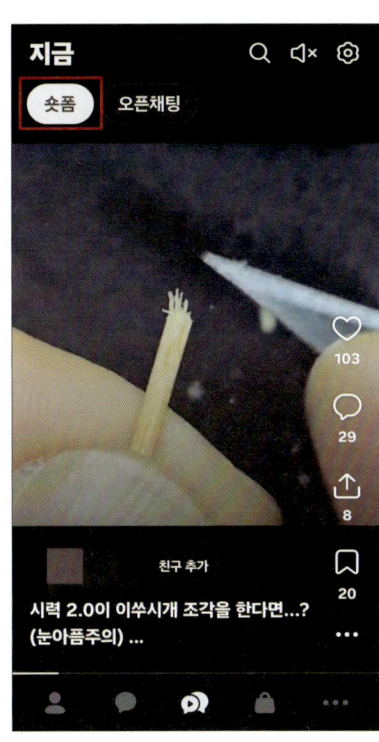

1 하단 메뉴에서 말풍선이 겹친 형태의 아이콘이 [지금]탭입니다. 오픈채팅과 숏폼을 볼 수 있습니다.

2 [오픈채팅] 탭을 눌러 다양한 주제의 오픈채팅방 목록을 볼 수 있습니다.

3 [숏폼]을 선택하여 공유된 각종 영상 콘텐츠를 시청할 수 있습니다.

1 상단의 말풍선 2개가 겹친 모양의 아이콘을 눌러 [오픈채팅 만들기] 메뉴로 들어갑니다.

2 오픈채팅 만들기 유형을 선택하는 화면으로, ① [그룹채팅]: 여러 명이 함께 대화하는 채팅방, ② [커뮤니티]: 관심 주제로 소통하는 공개형 모임방, ③ [1:1채팅]: 개인 간의 1대1 대화방, ④ [오픈프로필]: 오픈채팅에서 사용할 프로필을 만드는 기능입니다. 3 상단 [설정]에서 채팅방 관리·정렬·설정 메뉴로 이동합니다.

12 그룹채팅방 만들기

  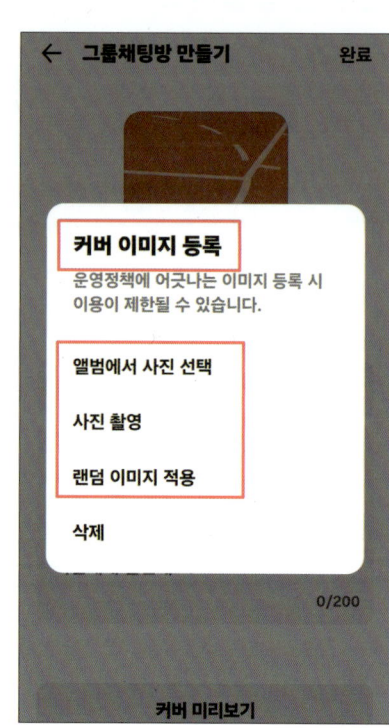

1 [오픈채팅 만들기] 메뉴에서 [그룹채팅]을 선택하는 화면으로, 여러 명이 함께 대화할 방을 만들 때 사용합니다. **2** 새로 만들 오픈채팅방의 [이름(필수 항목)]과 [소개글]을 입력하는 채팅방 기본 정보 설정 화면입니다. **3** 그룹채팅방의 대표 이미지를 설정하는 커버 이미지 등록 화면으로, 앨범에서 사진, 직접 촬영, 랜덤 이미지 적용을 선택합니다.

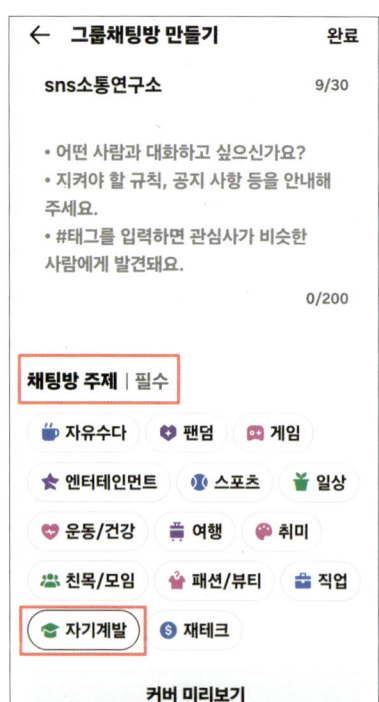  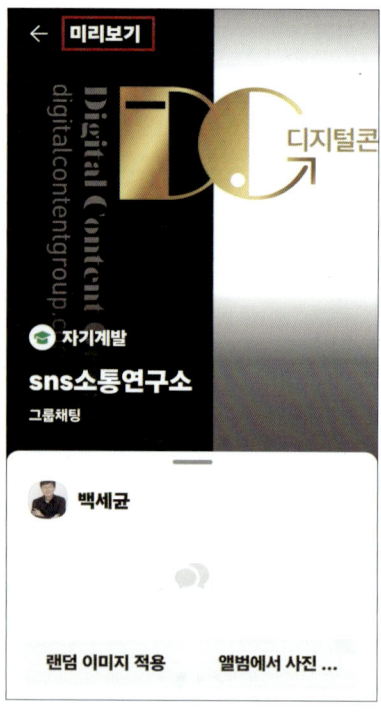

1 오픈채팅방의 [주제(필수 항목)]를 선택하는 화면입니다.

2 채팅방 개설 시 설정할 항목으로, ① [기본프로필로만 참여 허용]은 카카오 프로필로만 참여할 수 있게 제한합니다. ② [검색 허용]은 오픈채팅 목록에서 이 방이 검색되도록 설정합니다. ③ [입장 조건]은 나이, 성별 등 조건을 설정 할 수 있습니다. **3** [미리보기] 화면에서 수정이 가능합니다.

1 상단 메뉴에서 알림, 초대, 설정 등 방 관련 기능을 관리할 수 있습니다.

2 링크 복사, 링크 공유, QR 코드 생성 중 하나를 선택하여 친구를 초대 할 수 있습니다.

3 QR 코드를 선택하면, 생성된 오픈채팅방의 QR 코드가 표시되며, ① [**저장하기**]는 QR 코드를 이미지로 저장하는 기능이고, ② [**공유하기**]는 다른 사람에게 바로 전송할 수 있는 기능입니다.

13 오픈프로필 만들기

  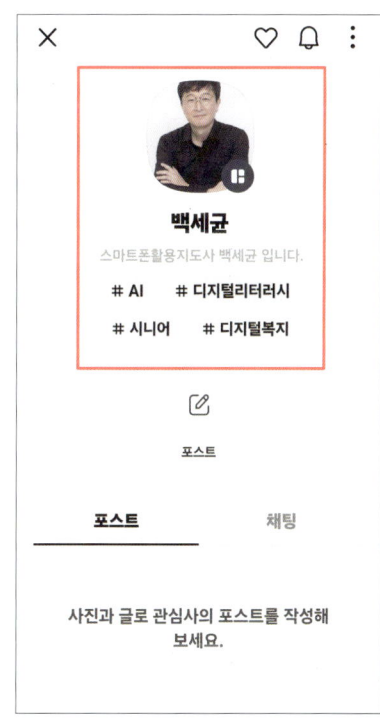

1 오픈채팅 만들기' 메뉴에서 [**오픈프로필**]을 새로 만드는 항목을 선택하는 화면입니다.

2 닉네임, 상태메시지, 관심분야 등을 입력하여 오픈프로필 정보를 설정합니다.

3 완성된 오픈프로필의 미리보기 화면으로, 프로필 사진과 닉네임, 소개, 관심 태그 등이 표시됩니다.

14 1:1 보이스톡하기

1 친구목록에서 친구를 선택하고 [**통화**]를 터치합니다.

2 보이스톡과 페이스톡 중 [**보이스톡**]을 선택합니다.

3 ① [**효과**]: 배경, 영상, 음성의 효과 기능을 설정합니다. ② [**마이크 음소거/활성화**]를 제어합니다. ③ [**통화 종료**]하는 버튼입니다. ④ [**스피커폰 모드**]를 켜거나 끌 수 있습니다. ⑤ [**페이스톡 전환**]: 보이스톡에서 페이스톡으로 전환하는 버튼입니다.

 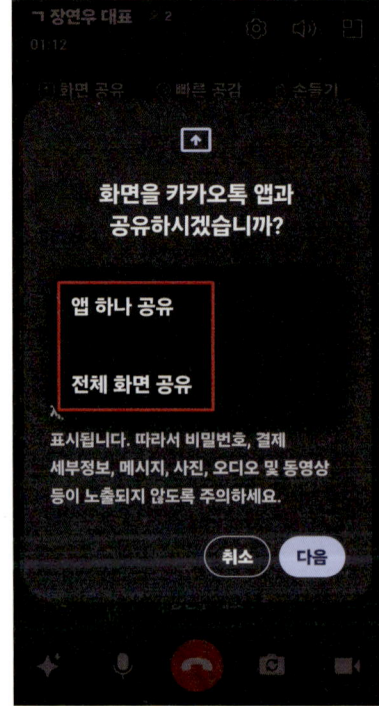 

1 통화 중 ① [**통화 녹음 시작**]과 ② [**화면 공유**] 기능을 선택할 수 있습니다.

2 화면 공유 시 [**앱 하나 공유**] 또는 [**전체화면 공유**]를 선택합니다.

3 통화 중 ① [**빠른 공감**]과 ② [**손들기**] 기능을 사용할 수 있습니다.

1등 비서! 스마트폰 제대로 활용하기

15 보이스톡 통화 내용 확인하기

 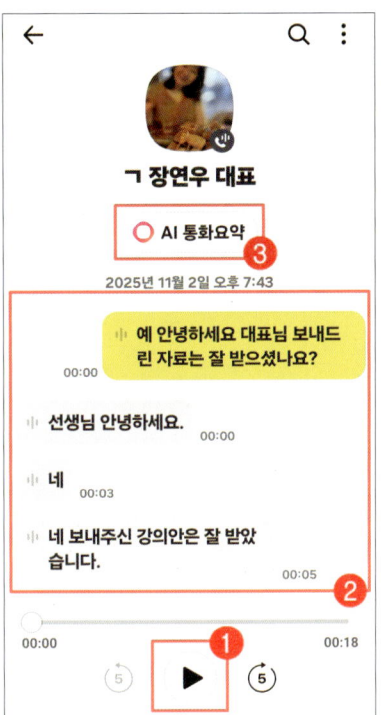 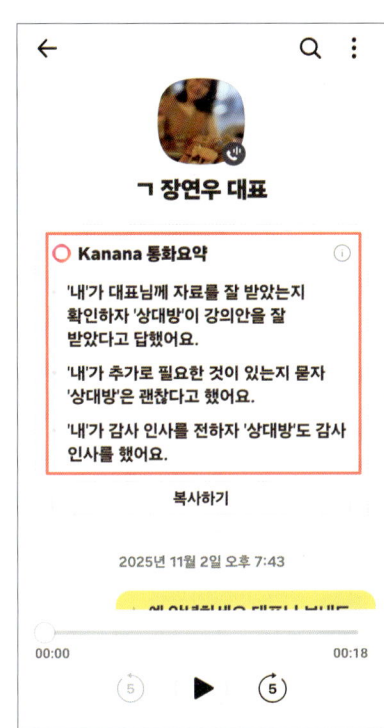

1 통화가 끝난 후 [**통화 내용 보기**]를 눌러 녹음된 대화를 확인합니다. **2** ① [**재생**] 버튼을 눌러 녹음 내용을 듣고, ② 음성 내용을 문자로 변환해 확인할 수 있습니다. ③ [**AI 통화요약**]을 터치하여 통화 내용을 요약합니다. **3** 보이스톡 내용이 문자로 자동 변환되어 [**통화 요약**]까지 해 줍니다.

16 그룹 보이스톡하기

 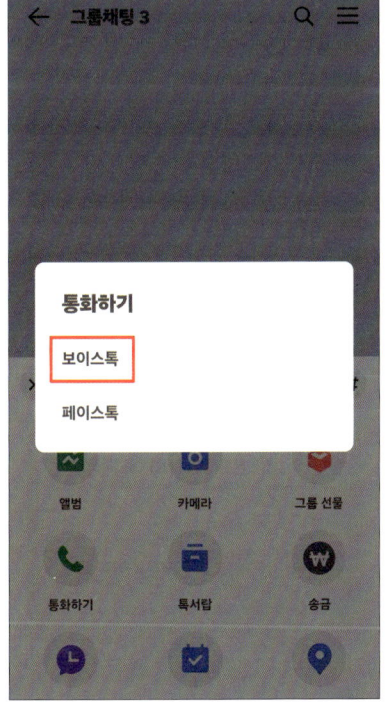 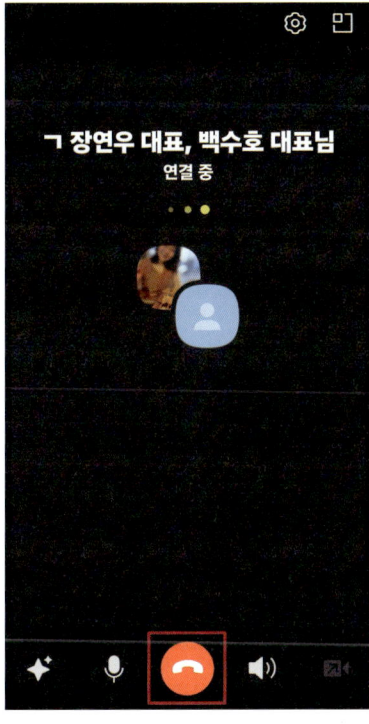

1 채팅창에서 [**통화하기**] 아이콘을 눌러 통화를 시작합니다.

2 [**보이스톡**]을 선택합니다.

3 선택한 채팅방의 상대와 연결 중이며, 하단의 [**빨간 버튼**]으로 통화를 종료합니다.

스마트폰 제대로 배우고 익히면 인생이 즐거워집니다!

17 채팅방에서 음성메시지 보내기

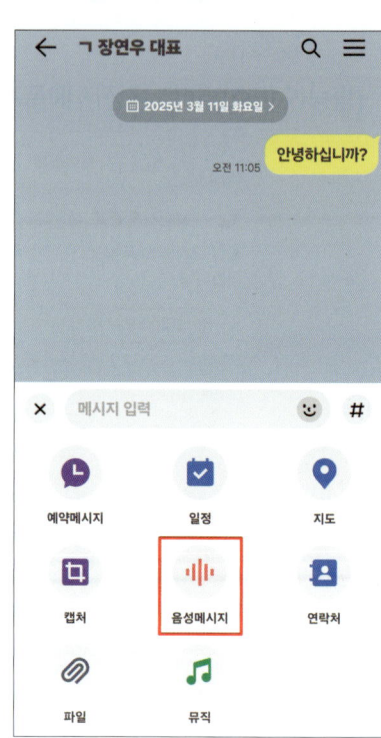

1 ① 채팅창을 선택하고 ② 메시지를 보낼 친구의 이름을 터치 합니다.

2 왼쪽 하단의 [+]를 터치합니다.

3 메뉴가 열리면 [음성메시지]를 터치합니다.

1 ① [녹음 버튼]을 터치하면 음성메시지 창이 열립니다. ② [간편녹음 버튼 사용]을 활성화하면 채팅창 하단 우측에 간편녹음 버튼 아이콘이 생겨 음성메시지를 간편하게 보낼 수 있습니다. **2** 음성녹음을 하고 ① [새로고침] 버튼을 터치하여 다시 녹음하거나 ② [보내기] 버튼을 터치하여 음성메시지를 보냅니다. **3** 음성메시지가 보내진 것을 확인 할 수 있습니다.

1들 비서! 스마트폰 제대로 활용하기

애드블락 (Adblock) - 광고를 제거, 차단하고 배터리 및 데이터양을 절감하여 인터넷 속도를 높여줍니다.

1 ① [**Play 스토어** ▶]를 터치합니다. **2** ② [**검색창**]에서 앱을 검색합니다. **3** ③ [**애드블락**]이라고 검색하여 ④와 같은 [**아이콘**]을 찾아 ⑤ [**설치**]합니다.

 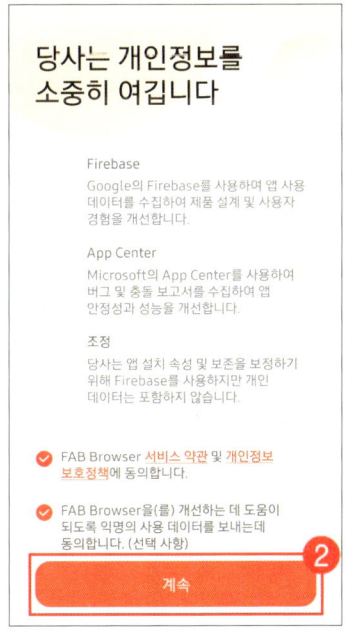 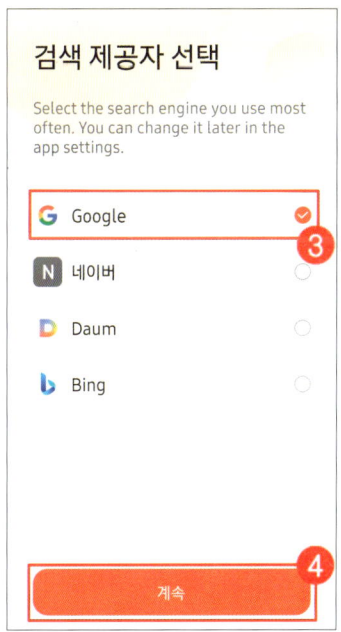

1 ① 설치가 다 되면 [**열기**]를 합니다. **2** ② [**계속**]을 터치합니다. **3** ③ [**Google**]을 선택하고 ④ [**계속**]을 터치합니다.

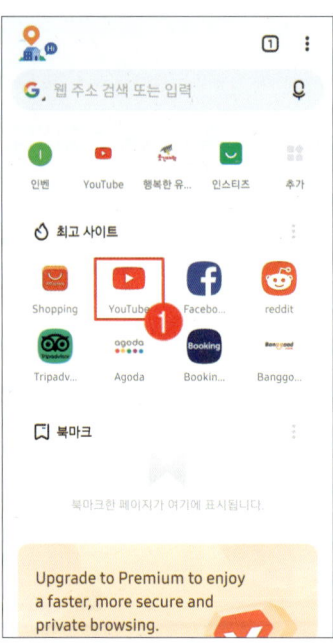

1 ① 설치가 되면 **[유튜브]** 를 터치합니다.

2 ② 검색창에서 보고 싶은 동영상을 **[검색]** 합니다.

3 ③ 구글 계정으로 **[로그인]** 합니다.

1 ① 로그인하면 상단에 **[내 계정]** 이 보이고 ② 하단 메뉴에 **[구독 및 보관함]** 이 나타납니다. 유튜브와 똑같이 나의 패턴대로 추천 영상이 나타납니다. **2** ③ **[보관함]** 을 터치하면 내 계정의 ④ **[재생목록]** 이 똑같이 나타납니다. **3** ⑤ **[구독]** 을 터치하면 ⑥ 구독하고 있는 계정의 업로드된 영상이 나타납니다. 구독하고 있는 계정 목록이 **[아이콘]** 으로 보입니다.

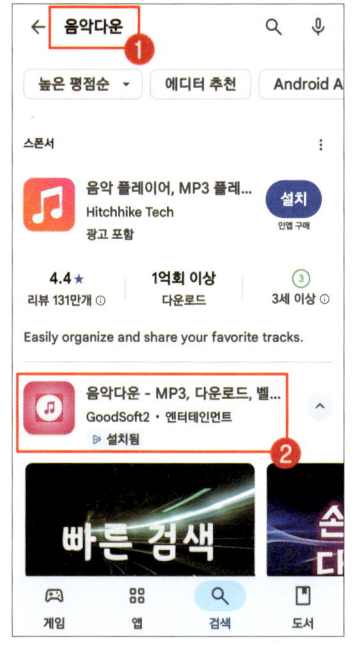
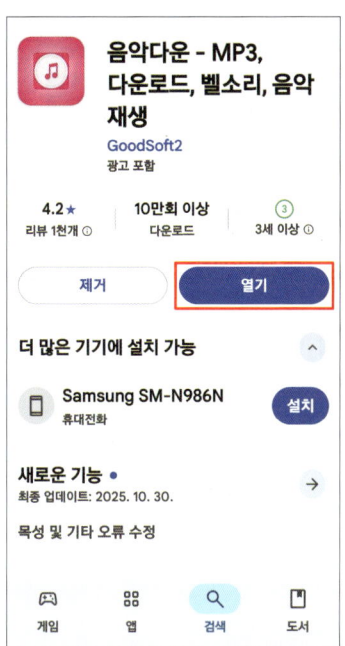

1 ① 구글 플레이 스토어 앱 검색창에 ① [**음악다운**]을 검색하여 ② 화면과 같은 아이콘을 터치하여 설치합니다. **2** [**열기**]를 터치합니다. **3** 처음 시작과 동시에 광고가 나오기 때문에 조심하며 [**앱으로 이동**]을 터치하여 진행합니다.

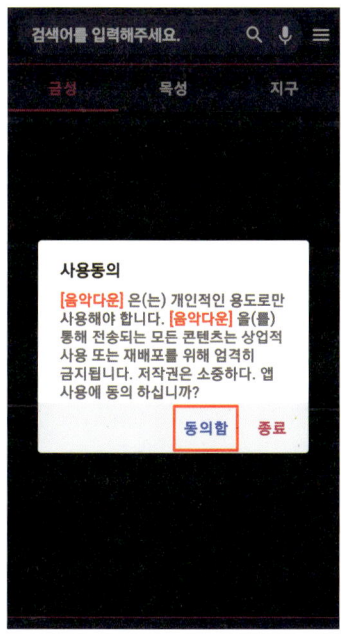
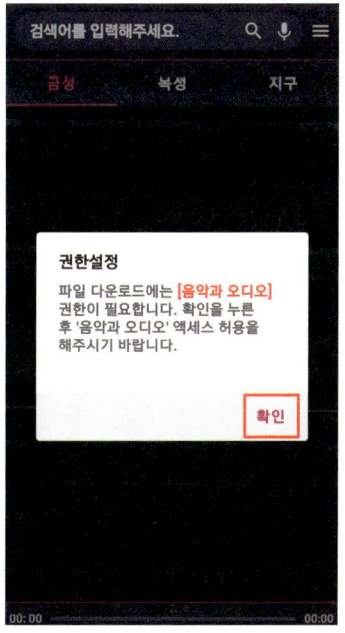
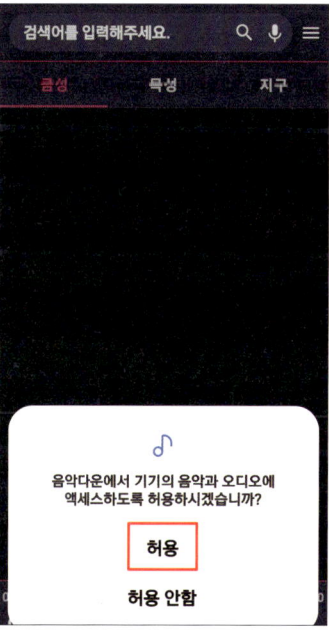

1 저작권이 있어 개인적인 용도로만 사용해야 한다는 내용에 [**동의함**]을 터치합니다.

2 파일 다운로드 권한 허용에 [**확인**]을 터치합니다.

3 기기의 음악과 오디오에 액세스하도록 [**허용**]을 터치합니다.

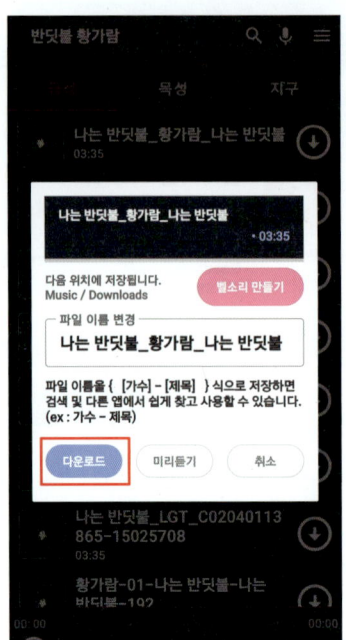

1 ① 상단 검색창에 사용자가 원하는 음악의 제목 또는 가수의 이름을 검색합니다. ② 검색한 결과를 볼 수 있으며 [다운로드] 아이콘을 터치합니다.

2 음악 파일 이름을 변경할 수 있으며 [다운로드]를 터치하여 완료합니다.

CHECK 리스트

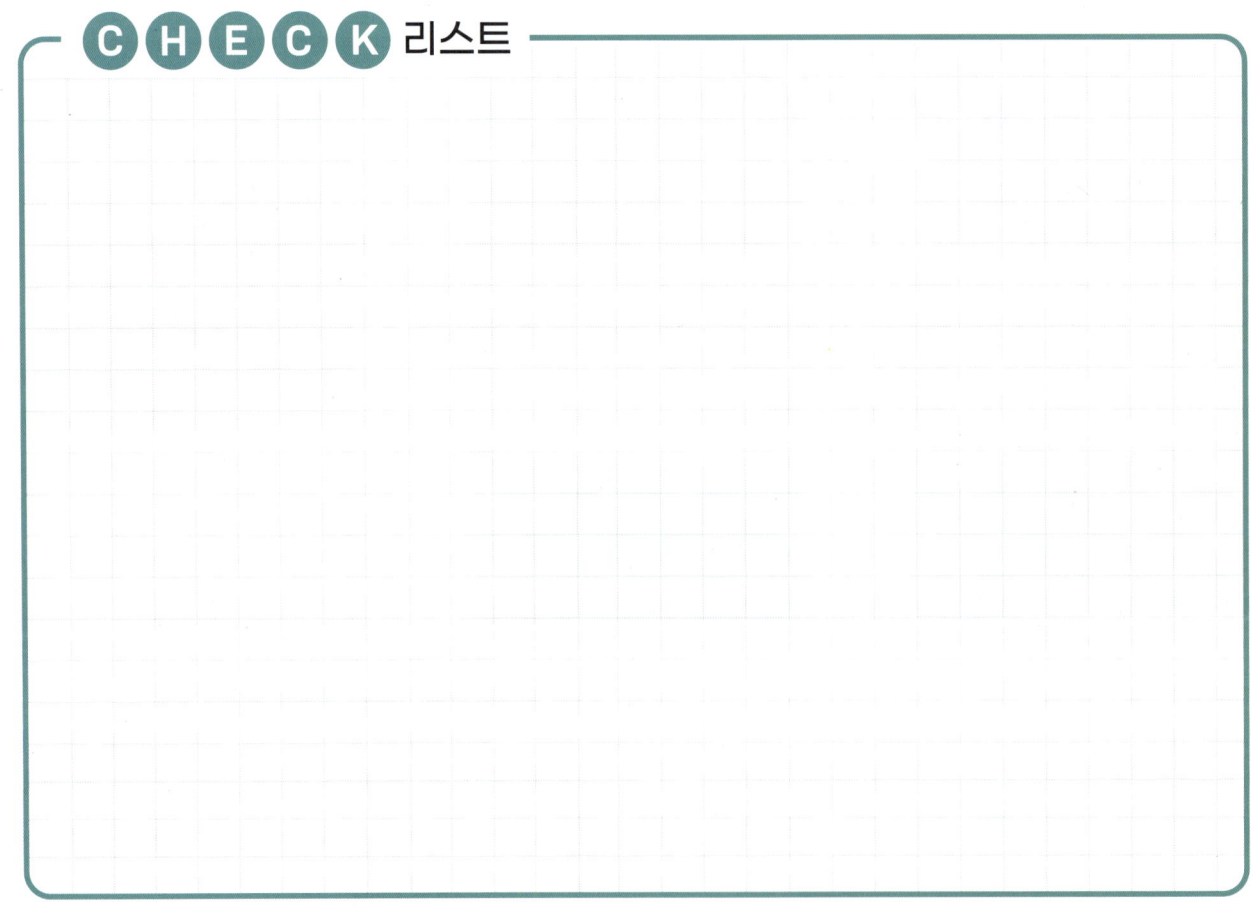

29강 네이버 인공지능 음성서비스 '그린닷' 제대로 활용하기

1 내 주변

1 구글 플레이 스토어 앱 검색창에 ① [네이버]을 검색하여 설치 후 ② [열기]를 터치합니다.
2 ① [그린닷]을 터치합니다. ② 하단 메뉴에서 [렌즈]를 터치합니다. 3 ① [결제/네이버 주문]에서는 바로 주문하고 결제까지 가능 ② [QR/바코드]는 웹페이지 및 상품정보 확인 가능 ③ [스마트렌즈]는 궁금한 물체 및 내용을 찍어서 확인 가능한 검색 기능입니다.

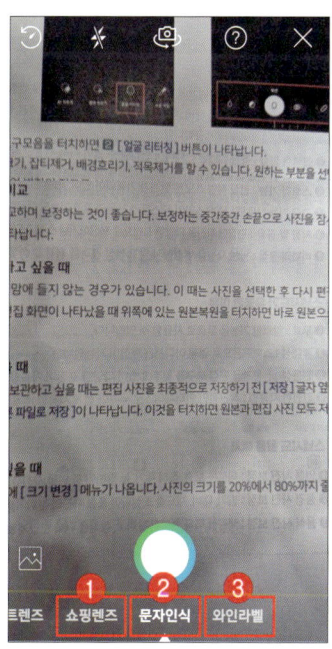  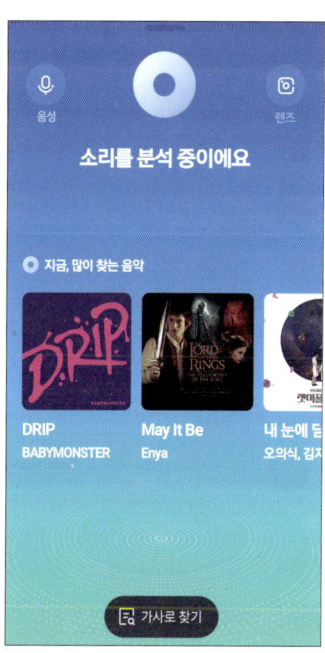

1 ① [쇼핑렌즈]는 사고 싶은 아이템의 정보 확인 가능 ② [문자인식]에서는 책이나 신문에 텍스트 추출 가능 ③ [와인라벨]은 와인의 큐알코드를 촬영하여 와인의 정보를 확인할 수 있습니다. 2 이번엔 메뉴에서 [음악]을 터치합니다. 3 주변 음악을 스마트폰에 들려줍니다.

스마트폰 제대로 배우고 익히면 인생이 즐거워집니다!

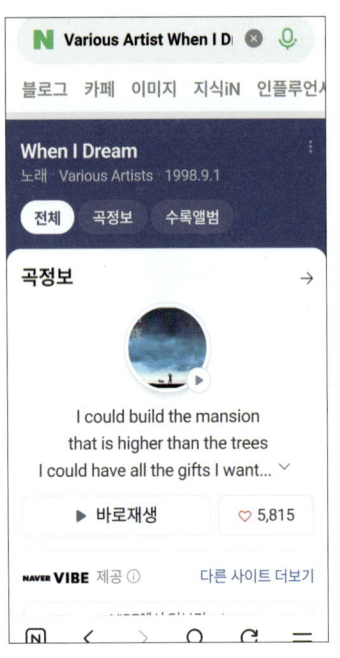

1 음악을 듣고 분석하여 음악의 정보를 찾아줍니다. **2** 이번엔 메뉴에서 [음성]을 터치합니다.

3 검색하고 싶은 내용을 음성으로 이야기합니다. 하단에서 듣고 인식된 검색에 대한 정보를 찾아줍니다.

1 ① 하단에서 듣고 인식된 검색에 대한 정보를 찾아줍니다. **2** 이번엔 메뉴에서 [내주변]을 터치합니다.

3 ① 현재 위치를 설정합니다. ② 현재 위치가 잡히지 않거나 다른 지역을 검색할 때 사용합니다. ③ 설정된 위치에서 가장 가까운 순서로 맛집, 카페, 술집, 가볼만한 곳, 문화, 테마 등을 검색할 수 있습니다.

멋진 카드뉴스 만들기

● 감성공장

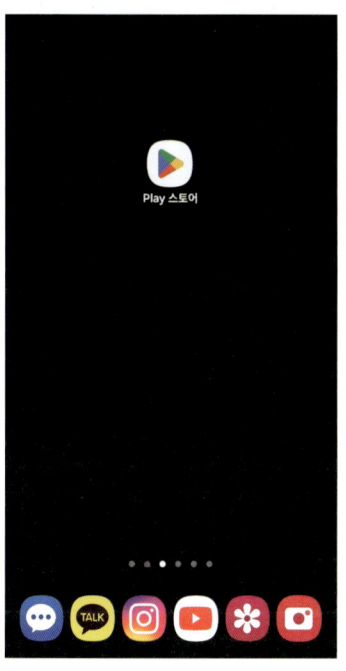  

1 [Play 스토어 ▶] 앱을 터치하여 실행합니다. 2 ① [검색창]에 [감성공장]을 검색하여 설치 합니다.
3 [감성공장]을 실행하면 ① [캘리그라피]를 선택하여 글을 쓰는 방법과 ② [T텍스트]를 선택하여 직접
글을 쓰는 방법을 선택할 수 있습니다. 먼저 글은 [캘리그라피]를 선택하고 배경은 [갤러리]에서 선택
하여 작품을 만들어 보겠습니다.

 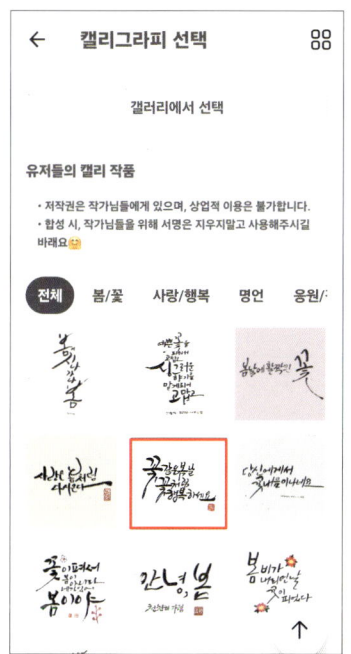 

1 [갤러리] 에서 배경사진을 선택합니다.
2 [감성공장]에서 제공되는 다양한 주제별 [캘리그라피] 중 하나를 선택합니다.
3 [합성하기] 버튼을 터치합니다.

1️⃣ [갤러리]에 있는 사진과 선택된 [캘리그라피]가 합성된 모습입니다.

2️⃣ ① 손가락으로 터치하여 글자의 크기를 키우고, ② 글자 색깔을 [하양]으로 바꿉니다.
   ③ [완료하기] 아이콘을 터치하여 완성합니다.

3️⃣ 저장된 완성 작품입니다.

1️⃣ 이번에는 [감성공장]에서 제공하는 [배경사진]을 이용하고 글은 [T텍스트]를 선택하여 직접 글을
   입력해 작품을 만들어 보겠습니다. 여러 주제별 감성 배경 사진 중 하나를 선택합니다.

2️⃣ [터치하여 문구를 입력하세요.] 화면을 터치하여 문구를 입력합니다.

3️⃣ [꽃 피는 봄날처럼 행복하세요!!] 라는 문구를 입력했습니다.

  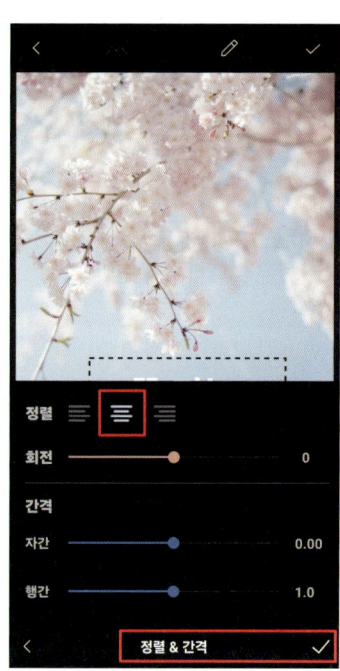

1️⃣ 글을 넣은 후 [글꼴]을 선택합니다.

2️⃣ 다음은 [색상]을 선택합니다. 선택한 색상의 [어둡기와 투명도]를 선택할 수 있습니다.

3️⃣ 이어서 [정렬 & 간격]을 선택합니다. [좌측, 중앙, 우측] 정렬을 선택할 수 있고, 글을 [회전]시킬 수 있으며, [자간과 행간]을 조정할 수 있습니다.

1️⃣ 글자의 [테두리]를 선택할 수 있습니다. 테두리의 [색상]을 선택할 수 있고, 선택한 색상의 [어둡기와 투명도]를 선택합니다. 또한 테두리의 [두께와 그림자]도 조정할 수 있습니다.

2️⃣ ① 사진을 알맞게 [자르기]한 후, ② [완료 및 저장] 버튼을 터치합니다.

3️⃣ 완성된 작품을 감상합니다.

111

스마트폰 제대로 배우고 익히면 인생이 즐거워집니다!

● 포토퍼니아

[포토퍼니아] 앱(App)은 이미지를 합성하여 사진 콜라주를 만드는 앱

[포토퍼니아] 앱(App) 활용

• 포토퍼니아는 스마트폰뿐만 아니라 PC에서도 활용이 가능합니다.

• 다양한 카테고리별 테마를 제공하고 원하는 효과를 선택하여 사진과 합성할 수 있는 앱입니다.

• 사용이 매우 간단해 연령에 상관없이 누구나 쉽게 사용할 수 있습니다.

• 특별하고 독창적으로 몇 초 만에 놀라운 사진 콜라주를 만들 수 있습니다.

• 이미지 합성 후 소셜 사이트에 저장, 이메일 보내기 또는 친구들과 바로 공유할 수 있습니다.

112

1등 비서! 스마트폰 제대로 활용하기

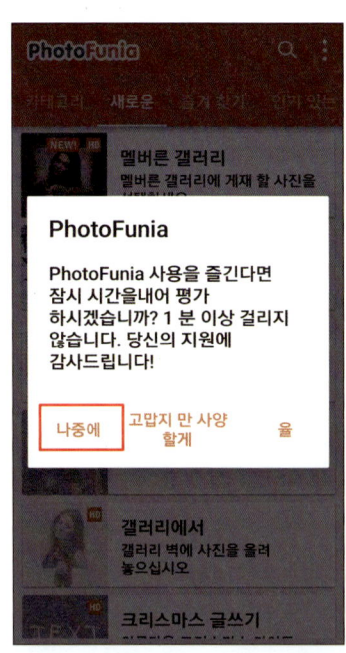

1 ① [Play 스토어 ▶]에서 [포토퍼니아]를 검색합니다. ② [설치] 후 열기를 터치합니다.

2 앱 평가 화면에 [나중에]를 터치합니다.

3 포토퍼니아 앱의 첫 화면입니다. 왼쪽 상단에 위치한 가이드 메뉴 중 [카테고리]를 터치합니다.

1 카테고리 화면을 위로 드래그하여 [잡지]를 선택합니다. 2 다양한 잡지 템플릿 중 [아침 신문]을 터치합니다.

3 ① 하단에 [사진을 선택하십시오]를 터치합니다. ② 사진을 불러올 수 있는 팝업창에서 [기존 사진 선택]
을 터치합니다.

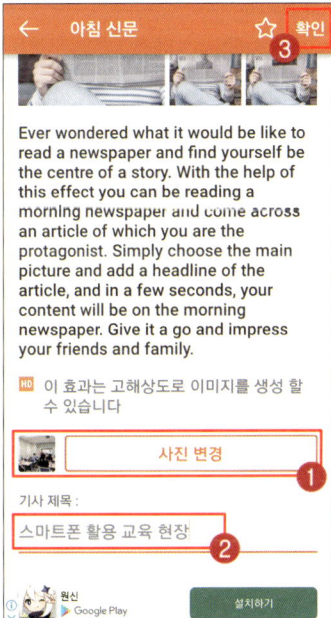

1 ① 갤러리에 [최근 사진] 순으로 보이며 더 많은 사진을 보려면 ② [갤러리]를 터치하여 선택할 수 있습니다.

2 사진을 선택 후 [확인]을 터치합니다.

3 ① 선택한 사진이 맞는지 확인 및 [사진을 변경]할 수 있습니다. ② 사진에 [제목도 삽입]할 수 있습니다.
③ [확인]을 터치하여 진행합니다.

스마트폰 제대로 배우고 익히면 인생이 즐거워집니다!

1 이미지 합성이 진행 중인 화면입니다.

2 사진 합성이 완료된 화면입니다. ① 저장할 이미지의 **[사이즈]**를 선택할 수 있습니다. ② 사용자 갤러리에 **[저장]**할 수 있습니다. ③ 완성된 사진을 다른 사이트로 **[공유]**할 수 있습니다.

3 이번에는 원하는 템플릿을 **[검색 아이콘]**을 터치하여 찾아보겠습니다.

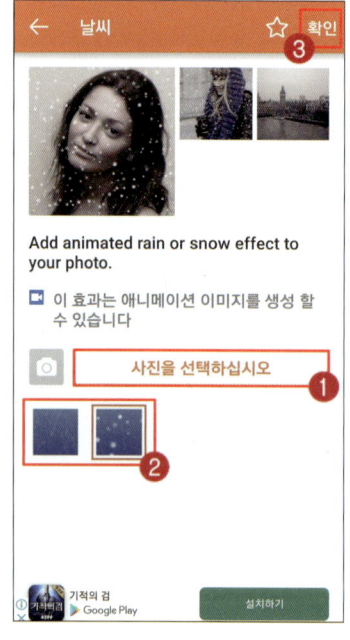
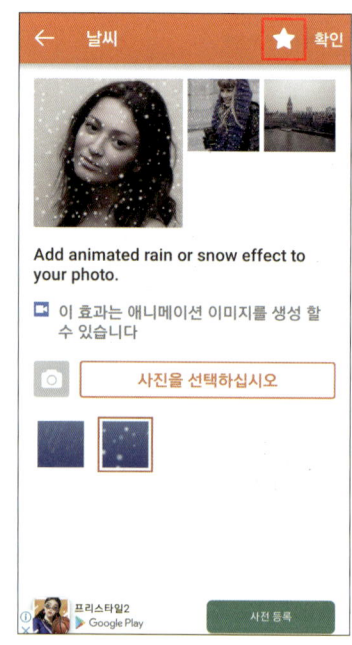

1 ① 검색창에 **[날씨]**를 검색합니다. ② 날씨에 관련된 템플릿 중 **[원하는 템플릿]**을 터치합니다.

2 ① 합성에 필요한 사진을 직접 촬영하거나 사용자 갤러리에서 사진을 불러올 수 있습니다.

② 비 내리기 효과와 눈 내리기 효과 중 선택합니다. ③ **[확인]**을 터치하여 진행합니다.

3 **[★]**을 터치하여 맘에 드는 효과를 즐겨찾기에 등록할 수 있습니다.

32강   이젠 나도 키오스크 전문가!

1 오디놀 설치하기

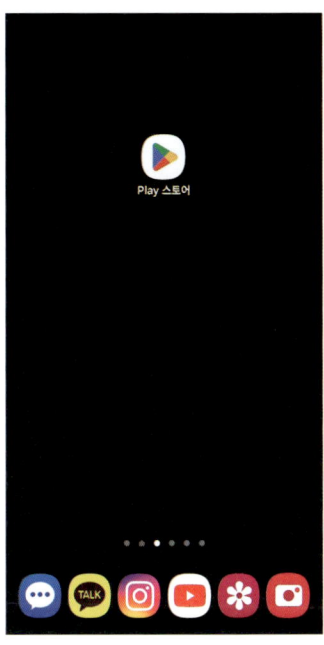
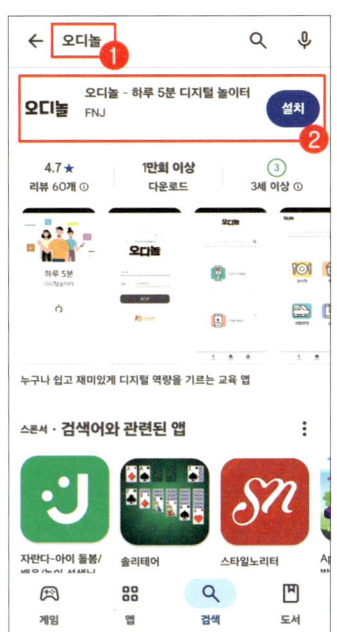
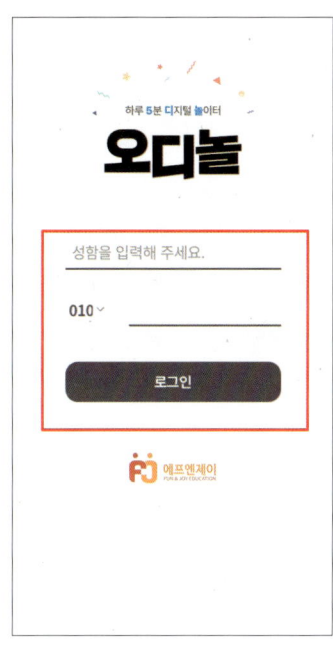

1 [Play 스토어 ▶] 앱을 터치하여 들어갑니다. **2** ① [검색창]에서 [오디놀]을 검색해서 ② 앱을 설치 합니다. [오디놀]은 '하루 5분 디지털 놀이터'라는 뜻으로 키오스크 체험 교육용 어플입니다.
3 성함 및 전화번호를 입력 후 [로그인]을 터치하여 진행합니다.

2 음식점에서 음식 주문하기

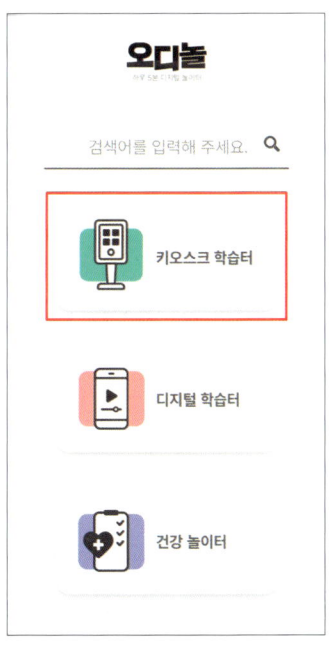

1 [키오스크 학습터]를 터치하여 들어갑니다.
2 여러 옵션 중 [음식점]을 터치하여 음식 주문하기 학습을 시작합니다.
3 여러 음식점 중 [얌샘김밥]에 먼저 들어가 보겠습니다.

1 [매장 이용]과 [테이크아웃] 두 개의 옵션 중 [매장 이용]을 터치합니다.

2 [식사] 메뉴에서 [게살볶음밥]을 선택합니다.

3 추가로 [분식]에서 [떡볶이]를 선택하여 추가합니다.

  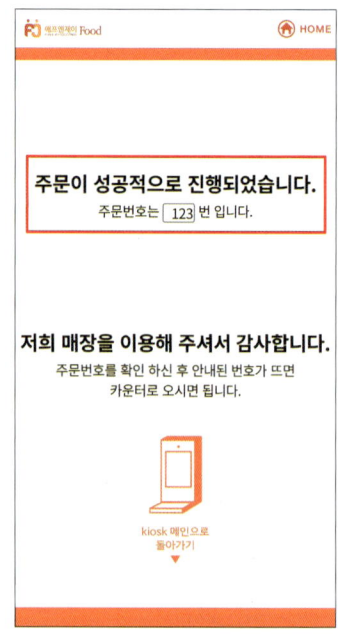

1 ① 선택한 메뉴와 금액을 모두 살펴보고 ② [주문하기] 버튼을 터치합니다.

2 ① [신용카드를 투입구에 끝까지 넣어주세요] 라는 문구와 함께 결제가 진행됩니다. ② [결제가 완료]되면

3 [주문이 성공적으로 진행되었습니다.]라는 문구와 함께 학습을 완료합니다.

3 카페에서 음료 주문하기

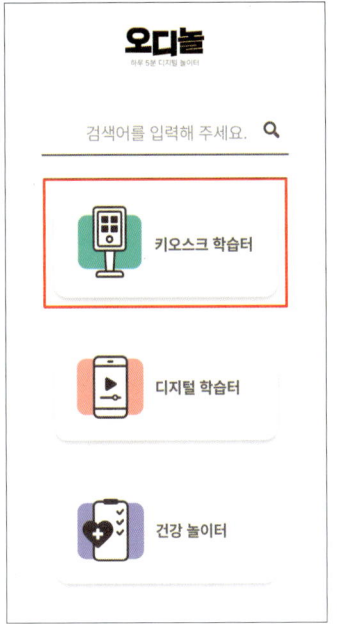

1 [키오스크 학습터]를 터치합니다.

2 [카페]를 터치하여 음료 주문하기를 시작 합니다.

3 다양한 음료 매장 중 하나를 선택합니다.

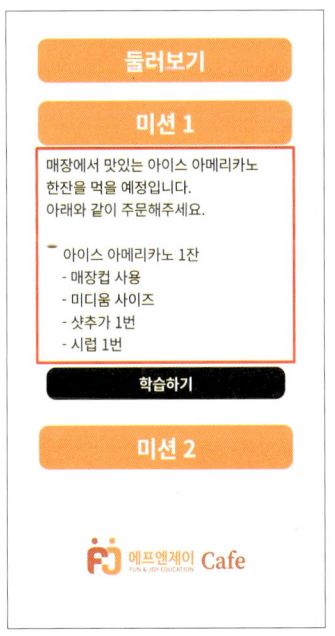

1 음료 주문을 위한 다양한 미션이 제시됩니다. 먼저, [미션 1]을 선택하고 제시된 미션을 수행합니다.

2 [주문하시려면 터치하세요.]라는 문구를 터치합니다.

3 [매장이용]과 [테이크 아웃] 중 [매장이용]을 선택하여 터치합니다.

스마트폰 제대로 배우고 익히면 인생이 즐거워진다니!

1 ① 상단 메뉴 카테고리 중 [에스프레소]를 선택합니다. ② 여러 음료 중 [아이스 아메리카노]를 선택합니다. **2** 세부 추가 옵션이 화면에 뜹니다. ① [음료 수량]을 선택하고, ② 추가적인 세부 옵션을 선택합니다. [컵선택], [사이즈], [시럽추가], [샷추가]를 차례로 선택합니다. ③ 선택 완료 후 [확인]을 터치합니다. **3** ① 주문한 내역을 확인합니다. ② 주문 내역이 맞으면 [주문하기]를 터치합니다.

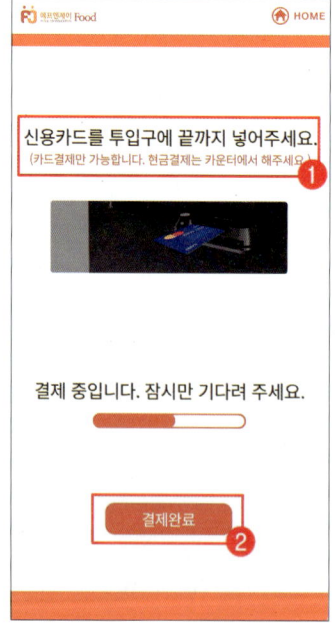

1 ① 금액을 확인 한 후 맞지 않거나 다시 주문하고 싶으면 [삭제하기] 버튼을 터치합니다.

　② 구매 결정을 완료하였으면 [결제하기] 버튼을 터치합니다.

2 ① [신용카드를 투입구에 끝까지 넣어주세요] 라는 문구와 함께 결제가 진행됩니다.

　② [결제완료]와 함께 미션이 종료 됩니다.

4 코레일 열차표 예매하기

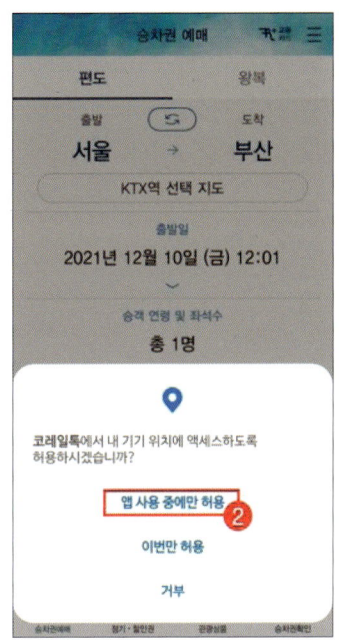
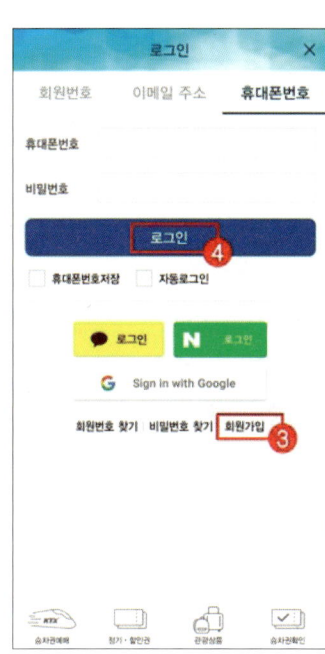

1 ① [**Play 스토어** ▶]에서 [**코레일 어플**]을 설치합니다.

2 ② 코레일 톡에서 내 기기 위치에 액세스하도록 [**앱 사용 중에만 허용**]을 터치합니다.

3 ③ [**회원가입**]을 합니다. ④ 티켓팅을 하려면 반드시 [**로그인**]을 해야 합니다.

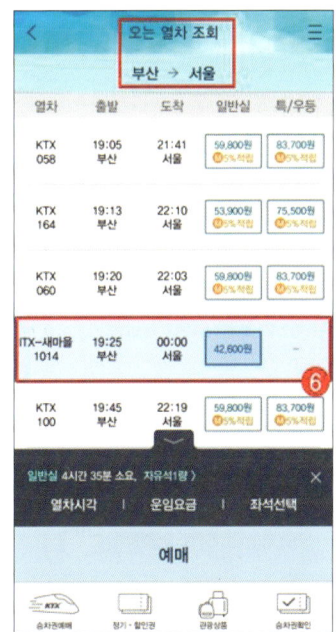
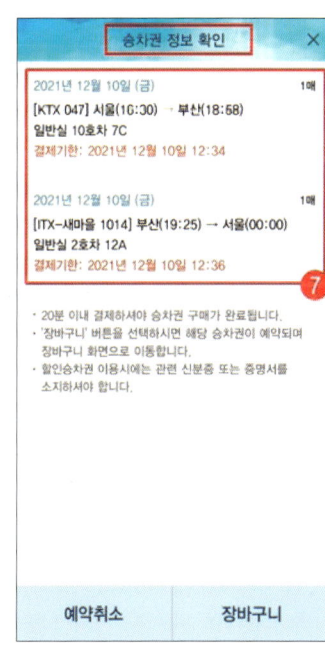

1 ⑤ [**가는 열차**]를 조회합니다.

2 ⑥ [**오는 열차**]를 조회하고 [**선택**]합니다.

3 ⑦ 선택한 왕복 열차표 [**정보를 확인**]합니다.

119

스마트폰 제대로 배우고 익히면 인생이 즐거워집니다!

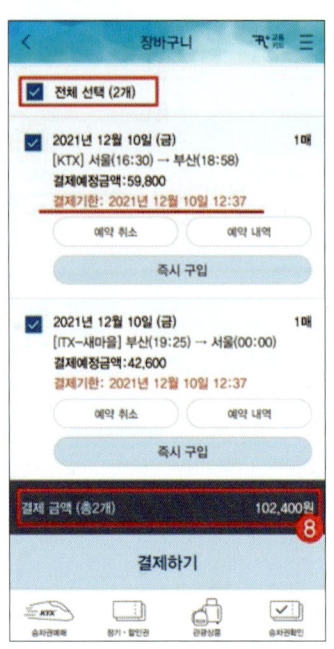
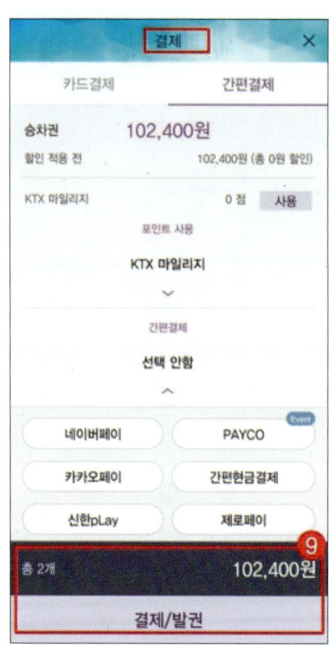
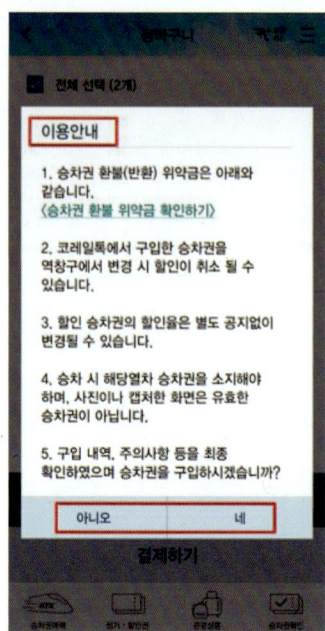

1 ⑧ 구입하고자 하는 승차권 내역과 금액을 확인 후 [결제하기]를 터치합니다.

2 ⑨ 카드 또는 페이로 간단하게 결제할 것인지 선택한 후 [결제 / 발권]을 터치합니다.

3 승차권 구입에 관한 [이용안내] 메시지를 확인한 후 [네]를 터치합니다.

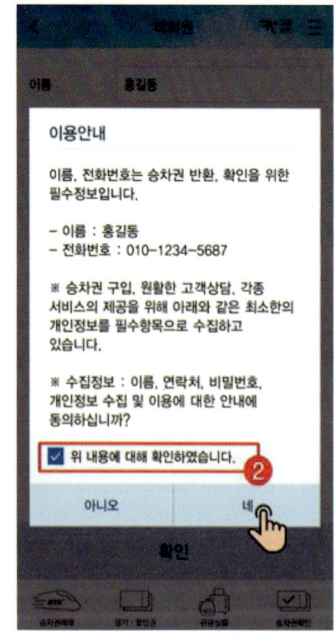
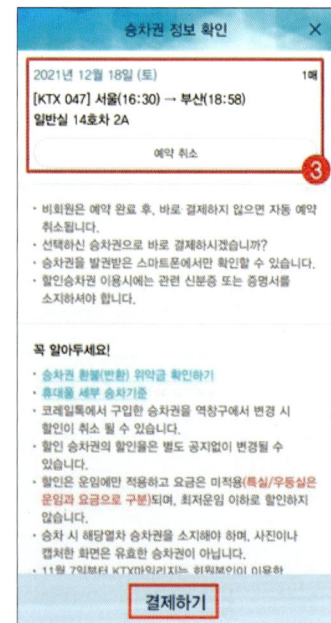

1 ① 비회원으로 예매할 경우 이름과 전화번호, 그리고 비밀번호를 꼭 입력해야 합니다.

2 ② 이용안내 메시지를 확인하고 [체크] 합니다. [네]를 터치합니다.

3 ③ 승차권 정보를 확인하고 [결제하기]를 터치합니다.

1등 비서! 스마트폰 제대로 활용하기

5 코레일 열차표 취소하기

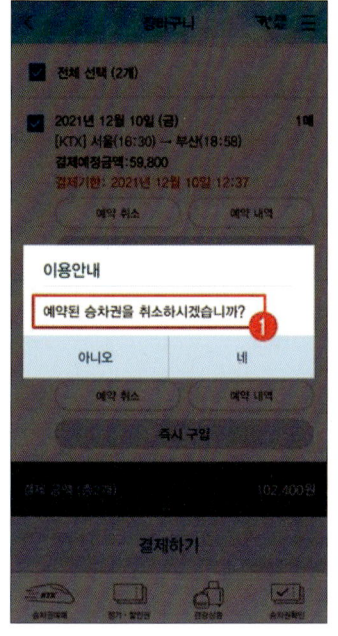 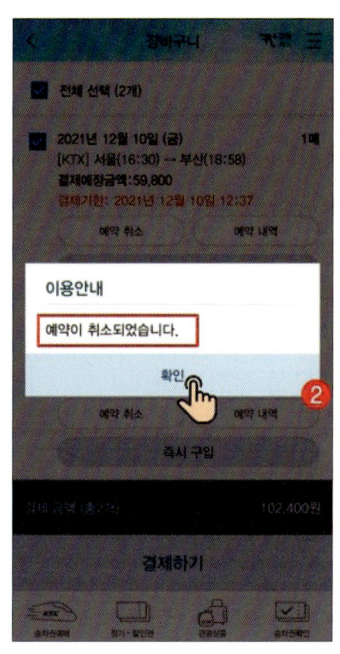 

1️⃣ ① 예매한 승차권을 취소하고자 할 때는 장바구니에서 [예약 취소]를 클릭한 후 [네]를 터치합니다.

2️⃣ ② [예약이 취소되었습니다] 라는 안내 메시지가 보입니다. [확인]을 터치합니다.

3️⃣ ③ 장바구니에서 예약취소 내용을 확인합니다.

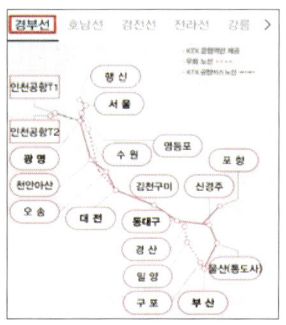  

[KTX 철도 노선도]

세상에 이런일은 없다!

● 금융감독원에서 일반 사람들에게 전화할 일은 없다!

● 경찰청 직원 가족이 아니라면 검찰청에서 전화할 일은 없다!

● 결혼식 청첩장 전달할 때 친한 사람은 직접 전화한다.

● 택배 - 운송장번호, 네이버 택배 조회해 본다.

● 문서요구 - 문자로 폰 고장 났다고 신분증 요구할 일은 없다.

● 큰 범죄를 저질러도 검찰청이나 금융권에서

　급하게 일 처리 하지 않는 게 현실이다!

디지털 범죄

디지털 범죄는 정보통신망을 이용하여 타인의 권리를 침해하거나 범죄를 저지르는 행위를 말합니다.

디지털 범죄 구분

❶ 정보통신망 이용형 범죄

인터넷, 스마트폰, SNS 등 정보통신망을 이용하여 타인의 금전이나 재산을 편취하거나,
개인정보를 빼돌리는 등의 범죄를 말합니다.

예시) 사이버사기, 사이버금융범죄, 개인·위치정보 침해 등이 있습니다.

❷ 정보통신망 침해형 범죄

인터넷, 스마트폰, SNS 등 정보통신망의 정상적인 기능을 방해하거나, 정보통신망을 침입하여
타인의 정보를 빼돌리거나, 정보를 훼손하는 등의 범죄를 말합니다.

예시) 해킹, 서비스 거부공격, 악성프로그램 등이 있습니다.

❸ 불법 콘텐츠형 범죄

인터넷, 스마트폰, SNS 등 정보통신망을 이용하여 음란물, 불법 도박, 음란·폭력성 게시물 등을 유포하거나, 저작권을 침해하는 등의 범죄를 말합니다.

예시) 사이버 성폭력, 사이버 도박, 사이버 명예훼손 등이 있습니다

> **★ 한국 인터넷 진흥원 (https://www.kisa.or.kr/301)**
> 정보통신망의 고도화와 안전한 이용촉진 및 정보보호·디지털과 관련한 대국민 지원을 효율적으로 추진하고자 설립된 기관입니다. 사이트에 방문해서 '고객서비스' 메뉴를 클릭하시면 유용한 다양한 '주요 서비스'를 이용할 수 있습니다.

모바일 범죄

모바일 범죄는 디지털 범죄의 한 유형으로 볼 수 있지만, 모바일 기기의 특성상 다음과 같은 특징을 가지고 있습니다.

모바일 범죄 특징

❶ 범죄의 범위가 다양화되고 있다.

모바일 기기를 이용하여 사이버 사기, 사이버 금융범죄, 시이버 성폭력, 사이버 도박, 사이버 명예훼손, 사이버 저작권침해 등의 범죄를 저지를 수 있습니다.

❷ 범죄의 난이도가 낮아지고 있다.

모바일 기기를 이용한 범죄는 비교적 간단한 기술만으로도 저지를 수 있어, 범죄에 대한 진입 장벽이 낮아지고 있습니다.

❸ 범죄의 피해가 심각해지고 있다.

모바일 기기를 이용한 범죄는 피해자의 개인정보 유출, 금전 피해, 명예훼손, 심리적 피해 등 심각한 피해를 초래할 수 있습니다.

모바일 범죄 예시

① **사이버 사기 :** 모바일 메신저, SNS, 쇼핑몰 등 모바일 기기를 이용하여 피해자에게 접근하여 금전이나 재산을 편취하는 범죄입니다.

② **사이버 금융범죄 :** 모바일 기기를 이용하여 금융기관을 사칭하거나, 악성 프로그램을 유포하여 피해자의 금융 정보를 빼돌리는 범죄입니다.

③ **사이버 성폭력 :** 모바일 기기를 이용하여 피해자의 성적 촬영물을 불법 촬영하거나, 유포하는 범죄입니다.

④ **사이버 저작권침해 :** 모바일 기기를 이용하여 저작권이 있는 콘텐츠를 무단으로 복제하거나, 유포하는 범죄입니다.

⑤ **사이버 도박 :** 모바일 기기를 이용하여 불법 도박을 하는 범죄입니다.

⑥ **사이버 명예훼손 :** 모바일 기기를 이용하여 피해자의 명예를 훼손하는 범죄입니다.

모바일 범죄 피해 예방 안전 수칙

● **개인정보를 안전하게 관리하세요.**
SNS, 쇼핑몰 등에서 개인정보를 입력할 때는 반드시 주의하고, 비밀번호는 자주 변경하세요.

● **출처가 불분명한 메시지나 링크는 클릭하지 마세요.**
악성 프로그램이 첨부된 메시지나 링크를 클릭하면 개인정보가 유출되거나, 피해를 입을 수 있습니다.

● **안전한 Wi-Fi에 접속하세요.**
공공장소의 Wi-Fi는 보안이 취약할 수 있으므로, 중요한 정보를 입력하거나, 개인정보를 다룰 때는 안전한 Wi-Fi에 접속하세요.

● **최신 보안 업데이트를 적용하세요.**
모바일 기기의 운영체제나 애플리케이션의 보안 업데이트를 최신 상태로 유지하세요.

꼭 알고 활용해야 할 모바일 범죄 예방 정보

스미싱

Q : 문자에 있는 인터넷 링크 주소만 터치해도 내 정보가 유출되나요?

A : 스미싱은 문자메시지(SMS)와 피싱(Phishing)의 합성어로,

> **❶** '무료쿠폰 제공', '돌잔치 초대장', '모바일 청첩장' 등을 내용으로 하는 문자메시지 내 인터넷주소를 클릭하면

⬇

> **❷** 악성코드가 스마트폰에 설치되어

⬇

> **❸** 피해자가 모르는 사이에 소액결제 피해 발생 또는 개인·금융정보 탈취

스마트폰 제대로 배우고 익히면 인생이 즐거워집니다!

● 문자에 있는 링크 클릭 시 일어날 수 있는 일

① 폰에 해킹 어플이 설치됨

② 특정 이유를 들어 개인정보 요구

③ 전화 도청 또는 문자 메시지 해킹 등이 일어날 수 있습니다.

개인정보를 요구한다면 이를 거절하면 될 것입니다.

그러나 해킹 어플이 자동으로 설치되거나 도청, 문자메시지 해킹이 된다면,
폰 소유자 본인은 이유도 알지 못한 상태로 본인의 여러 정보들이 새어나갈 수 있습니다.

이런 형태는 결국 해킹하는 측에서 마음만 먹는다면 얼마든지 피해를 줄 수 있기 때문에 무척이나 위험합니다.

그렇기 때문에 스미싱 문자의 링크는 애초에 누르지 않는 것이 최선입니다. 하지만 그들의 수법에 속아
실수로라도 누르게 된다면, 그때는 어떻게 대처해야 할지에 대해 알아보도록 하겠습니다.

● **스미싱 문자의 링크를 누른 후 대처 방법(안드로이드)**

① 한국인터넷진흥원 118 상담센터로 전화하여 상담

② Play 스토어에서 백신 어플 (V3, 알약 등) 다운로드 후
　 악성코드 검사 및 치료

③ "내 파일" > Download 폴더 > apk 파일 있다면 삭제

④ 통신사 소액결제 차단, 콘텐츠이용료 결제 중지/차단 신청

⑤ 통신사 부가서비스인 번호도용차단서비스 신청

⑥ 휴대폰에 보관 중이던 공인인증서 폐기

⑦ 스미싱 문자 내 URL 주소 신고
　 (휴대폰 간편신고 or 보호나라 홈페이지에서 신고 접수)

⑧ 금전적 피해를 당했을 경우, 경찰서(☎112)에 피해 내용을 신고하여 '사건사고 사실확인원'을
　 발급받아 이동통신사, 게임사, 결제대행사 등 관련 사업자에게 제출하면 피해 구제를 받을 수
　 있다고 합니다.

⑨ 더 자세한 정보는 방송통신 이용자 정보 포털 사이트 참조하세요.

　　★ **금융감독원보이스피싱지킴이**
　　　 (https://www.fss.or.kr/fss/main/sub1voice.do?menuNo=200012)

　　★ **보호나라 홈페이지** (https://www.boho.or.kr/main.do)

　　★ **와이즈유저** (www.wiseuser.go.kr)

1등 비서! 스마트폰 제대로 활용하기

이것만은 꼭 알고 계시면 디지털 범죄 예방하실 수 있습니다!

☑ 정부기관이나 금융기관은 어떠한 경우에도 전화나 문자로 금전 및 개인정보를 요구 하지 않습니다.

☑ 의심전화 표시 앱 적극 활용하기 : T전화, 후후(WhoWho), 후스콜

☑ 통장 양도 및 매매 금지

☑ **ATM 지연인출제도** : 100만원 입금시 이체 및 인출 30분 지연시킬 수 있으며 사기범의 현금인출 시간을 지연시키는게 목적입니다. 이 서비스를 이용하시려면 거래 은행을 통해 ATM 지연 인출 시스템을 미리 신청하시기 바랍니다.

☑ **지연이체 서비스** : 자금 이체 시 일정시간 송금시간을 지연시키는 서비스로 피래구제를 위한 시간을 확보 하실 수 있습니다. 직접 본인이 신청하셔야 합니다.

☑ **입금계좌 지정 서비스** : 내가 지정한 계좌 외에는 1일 100만 원 이내 소액 송금만 가능하며 보이스피싱 사고를 사전에 방지하는 것이 목적입니다.

☑ **해외 IP차단 서비스** : 해외접속 IP를 통해서 이용되는 이체거래를 차단하는 서비스이며 해외에서 보이스피싱을 시도하는 경우 원천적으로 차단하는 것이 목적입니다. 스마트폰이든 PC든 상관없이 거래할 수 있는 단말기를 미리 지정하여 승인할 수 있습니다. 승인되지 않은 기기에서 거래 요청이 들어올 경우 추가 인증이 필요하므로 무단 액세스를 효과적으로 방지하고 개인 정보 도난 위험을 줄일 수 있습니다.

☑ **고령자 지정인 알림 서비스** : 고령자 지정인 알림 서비스는 고령자를 대상으로 하는 서비스로 사기 대출을 예방하는 데 도움이 됩니다. 이 서비스는 만 65세 이상 고객이 카드론을 이용할 때마다 지정한 사람에게 문자 메시지를 발송합니다. 고령자는 건망증과 조작에 취약하기 때문에 이 알림 시스템은 잠재적인 대출 사기를 방지하는 안전장치 역할을 합니다. 가족 등 신뢰할 수 있는 사람이 알림을 받도록 사전 승인하면 노인은 사기 대출 거래를 예방할 수 있습니다.

☑ 112(경찰청) 또는 1332(금융감독원)에 전화해서 지급 정지 요청을 하실 수 있습니다.

☑ 개인정보노출자 사고 예방시스템(https://pd.fss.or.kr)에서 신규 계좌 개설 제한을 하실 수 있습니다.

☑ 계좌정보통합관리서비스(www.payinfo.or.kr)에서 모든 계좌 일괄지급정지 신청을 하실 수 있습니다.

☑ 명의도용방지서비스(www.msafer.or.kr)에서 휴대전화 신규 개설 방지 신청을 하실 수 있습니다.

스마트폰에서 실습하기

☑ 스마트폰 2단계 인증

☑ 설정 ➡ 보안 및 개인정보 보호 ➡ 보안 업데이트 ➡ 소프트웨어 업데이트

☑ 출처를 알 수 없는 앱 설치 권한 확인
   ➡ 설정 ➡ 보안 및 개인정보 보호 ➡ 출처를 알 수 없는 앱 설치 비활성화

☑ 앱 권한관리 설정하기

☑ 위치 권한 설정하기

☑ 잠금화면 설정 여부 점검

☑ 구글 플레이 프로텍트 인증 기능 사용여부 점검

☑ 알약 설치 ➡ 다양한 보안 서비스 활용하기

☑ 보안폴더 활용하기

☑ 개발자 옵션 활성화 여부 점검 ➡ 비활성화 되어 있는 경우 안전
   개발자 옵션은 보안 조치를 우회하는 데 악용될 수 있는 고급 기능을 제공하므로 민감한 데이터에
   무단 접근으로 이어질 수 있습니다. 개발자 옵션을 활성화 할 경우 동의 없이 사용자 데이터를
   수집하고 전송할 수 있으므로 사용자의 개인정보를 침해할 수 있습니다.

128

1등 비서! 스마트폰 제대로 활용하기

모바일 범죄 예방 앱 활용하기

☑ 경찰청 사이버 캅 앱 활용

경찰청 사이버 캅 앱은 인터넷 사기를 예방하기 위해 대한민국 경찰청에서 개발한 모바일 애플리케이션입니다. 이 앱에서는 다음과 같은 기능을 제공합니다.

① 사이버 범죄 신고 이력 조회

상대방의 전화번호나 계좌번호를 입력하면 해당 번호나 계좌가 최근 3개월 동안 3회 이상 인터넷 사기에 이용되었는지 여부를 확인할 수 있습니다.

② 인터넷 사기 피해 신고 사례 조회

인터넷 쇼핑몰이나 중고거래 사이트에서 거래하고자 하는 상품이나 게시글의 URL을 입력하면 해당 상품이나 게시글이 인터넷 사기에 이용되었는지 여부를 확인할 수 있습니다.

③ 스미싱 탐지

문자 메시지 내에 포함된 링크를 클릭하면 악성 코드가 설치되는 경우가 있는데 이를 방지하기 위해 문자 메시지 내에 포함된 링크가 악성 코드를 포함하고 있는지 여부를 검사할 수 있습니다.

☑ 시티즌 코난 앱 활용

시티즌 코난은 경찰대학과 민간 보안업체가 공동으로 개발한 앱으로, 자신도 모르게 휴대폰에 깔려 있는 악성 앱을 찾아 삭제까지 원스톱으로 해주는 스마트폰 백신 앱입니다.

악성 앱은 일반 앱과 거의 비슷하게 생겨서 이용자는 악성 앱 여부를 분간하기가 어려운데 시티즌 코난 앱은 금융기관, 공공기관, 택배 등을 사칭한 악성 앱을 실시간 탐지 및 삭제가 가능합니다. 경찰에서는 보이스피싱 예방을 위해 주민들이나 사기 피해자에게 이 앱을 설치해주고 있습니다.

☑ 피싱아이즈

피싱아이즈는 금융 보이스피싱 탐지 및 예방 솔루션으로서 시티즌코난(피싱아이즈 폴리스)과 함께 운영되고 있습니다.

피싱아이즈는 경찰청 및 제휴된 금융사와 다양한 유형의 피싱에 대해 실시간적으로 공동 대응함으로써, 피싱범의 4대 현혹 행위(악성 앱, 원격제어 앱, 문자, 카카오톡)와 5대 갈취 채널(APP, WEB, ARS, ATM, 창구)로부터 보이스피싱을 예방하는 국내 유일의 "보이스피싱 민관 공동 대응망 서비스" 입니다. 피싱아이즈는 경찰대학 치안정책 연구소와 함께 운영하는 시티즌코난(=피싱아이즈 폴리스)과 함께 운영됩니다.

Ai란 무엇인가?

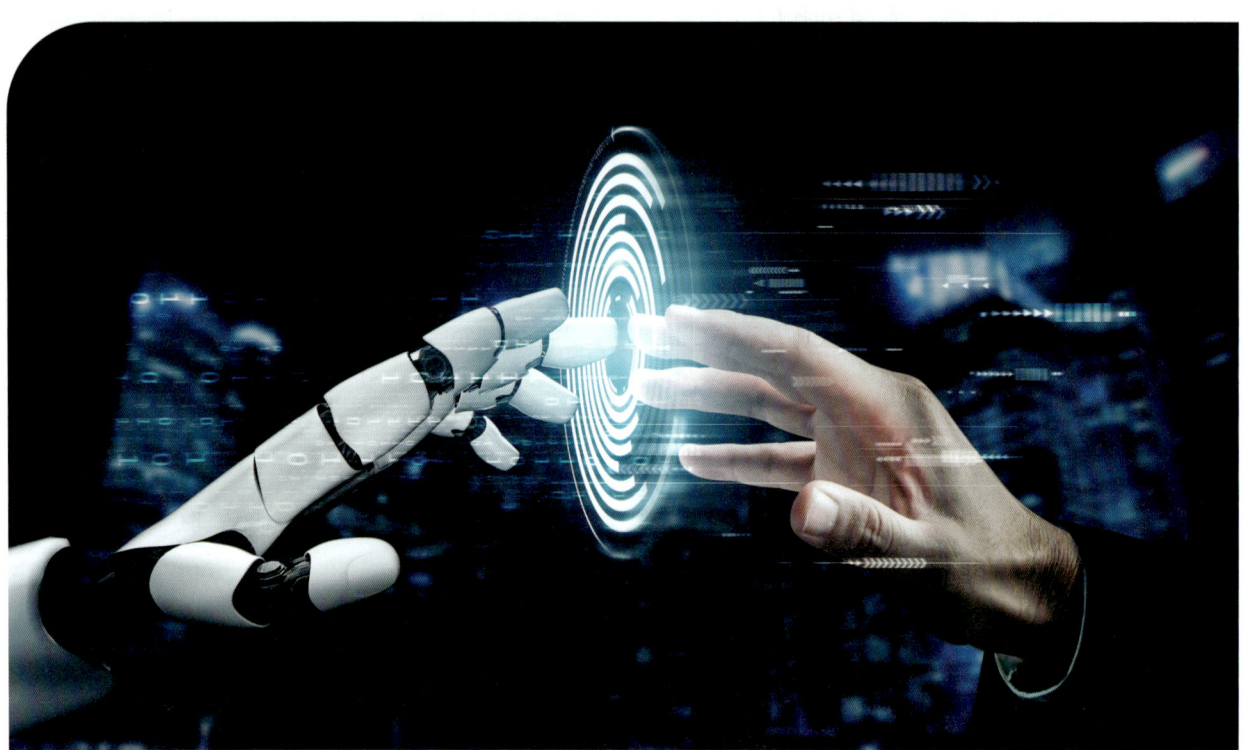

AI는 Artificial Intelligence의 약자로, '인공지능'이라고 읽습니다.

인공지능은 학습, 문제 해결, 패턴 인식 등과 같이 주로 인간 지능과 연결된 인지 문제를 해결하는 데 주력하는 컴퓨터 공학 분야입니다.

인간의 지능에는 학습 능력, 추론 능력, 지각 능력 등이 있는데, 인공지능은 이러한 능력을 컴퓨터에 구현하여 다양한 문제를 해결할 수 있도록 합니다.

AI, 즉 인공지능은 컴퓨터나 기계가 인간처럼 생각하고 학습할 수 있게 만든 기술입니다. 이 기술은 다양한 방식으로 우리 주변에 적용되고 있습니다.

예를 들면, 스마트폰의 음성인식 기능, 자동차의 자율주행 시스템, 인터넷 쇼핑몰에서 개인의 취향에 맞춘 상품 추천 등이 모두 AI 기술을 사용하고 있습니다.

인공지능은 다양한 분야에서 활용되고 있습니다. 대표적인 분야로는 다음과 같은 것들이 있습니다.

● **자율주행 자동차:** 자동차가 스스로 운전하는 기술에도 인공지능이 핵심적인 역할을 합니다. AI는 도로 상황, 교통 신호, 주변 차량을 인식하고 이해하여 안전한 운전을 가능하게 합니다.

● **의료:** 인공지능은 의료 이미지 분석, 예를 들어 X-레이나 MRI 스캔에서 질병을 감지하는 데 사용 됩니다. AI 알고리즘은 이러한 이미지를 빠르고 정확하게 분석하여 의사가 진단을 내리는 데 도움을 줄 수 있습니다.

● **금융:** 은행과 금융 기관은 AI를 사용하여 사기 거래를 감지하고 위험 관리를 수행합니다. AI 시스 템은 대량의 거래 데이터를 분석하여 이상 행동을 식별할 수 있습니다.

● **교육:** 인공지능은 학생들의 학습 스타일과 성취도를 분석하여 개인별 맞춤형 학습 경험을 제공할 수 있습니다. 예를 들어, AI가 학생의 약점을 파악하고 그에 맞는 추가 학습 자료를 제공함으로써 효과적인 학습을 돕습니다.

● **고객 서비스:** 많은 회사에서는 챗봇을 이용하여 고객 문의에 대응하고 있습니다. 이 챗봇들은 자연어 처리(NLP)라는 AI 기술을 사용하여 사람들의 질문을 이해하고 적절한 답변을 제공합니다.

● **추천 서비스:** 넷플릭스나 유튜브 같은 플랫폼은 사용자의 시청 이력과 선호도를 분석하여 맞춤형 콘텐츠를 추천합니다. 이러한 추천 시스템 뒤에는 사용자 데이터를 분석하고 학습하는 AI 알고리즘이 있습니다.

● **분석 서비스:** 기후 데이터를 분석하여 기후 변화의 원인과 영향을 연구하는 것으로, 기후 변화에 대응 하기 위한 정책 수립에 기여합니다. 예를 들어, 미국 NASA는 인공지능을 활용하여 지구의 기후 변화를 연구하고 있습니다.

● **신약 개발:** 인공지능을 활용하여 신약 후보 물질을 발굴하고 개발하는 것으로, 신약 개발의 효율성과 성공률을 향상하는 데 기여합니다. 예를 들어, 화이자는 인공지능을 활용하여 신약 개발을 진행하 고 있습니다.

Ai는 크게 두 가지 주요 요소로 구성됩니다.
머신러닝(Machine Learning)과 딥러닝(Deep Learning)

인공지능 ▶ 머신러닝 ▶ 딥러닝 관계

인공지능 │ Artificial Intelligence
학습, 문제해결, 패턴 인식 등과 같이 주로 인간 지능과
연결된 인지 문제를 해결하는 데 주력하는 컴퓨터 공학 분야

머신러닝 │ Machine Learnign
컴퓨터가 스스로 학습하여 인공지능의 성능을
향상시킬 수 있도록 알고리즘과 기술을 개발하는 분야

딥러닝 │ Deep Learning
인간의 뉴런과 비슷한 방식으로 심층 인공 신경망을
기반으로 학습 방식을 구현하는 머신러닝 기술

머신러닝(Machine Learning)과 딥러닝(Deep Learning)에 대해서 좀 더 자세히 알아보겠습니다.

머신러닝(Machine Learning)은 컴퓨터에게 많은 데이터를 주고 그 안에서 패턴을 찾게 하는 방식입니다.

예를 들어, 수많은 고양이 사진을 컴퓨터에게 보여주면서 이것이 고양이라고 알려주면 컴퓨터는 점점 더 고양이를 잘 구별하게 됩니다.

딥러닝(Deep Learning)은 기계학습의 한 분야로, 인간의 뇌가 작동하는 방식을 모방한 신경망(Neural Networks)을 사용합니다. 이 신경망은 많은 계층과 노드로 구성되어 있어서, 복잡하고 추상적인 개념까지 학습할 수 있습니다.

1 구글 계정 만들기

챗GPT에 [회원가입]하기 위해서는 이메일 계정이 필요합니다. 이메일 계정은 구글, 애플, 마이크로소프트, 네이버 등을 사용할 수 있으나 본 교재에서는 [구글 계정]을 사용해서 회원 가입해 보도록 하겠습니다. 먼저 구글 계정을 만들어 보겠습니다. 본인의 구글 계정 아이디와 비밀번호를 알고 계신 분은 건너뛰어도 됩니다.

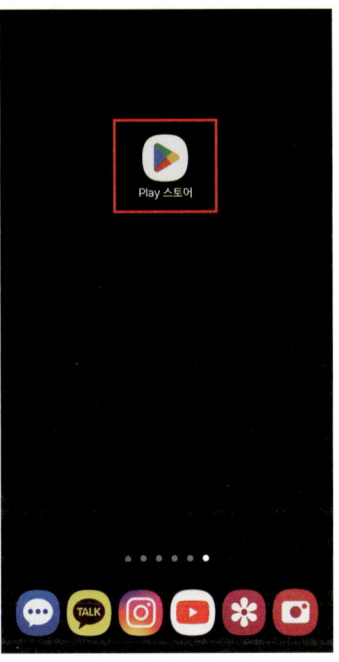  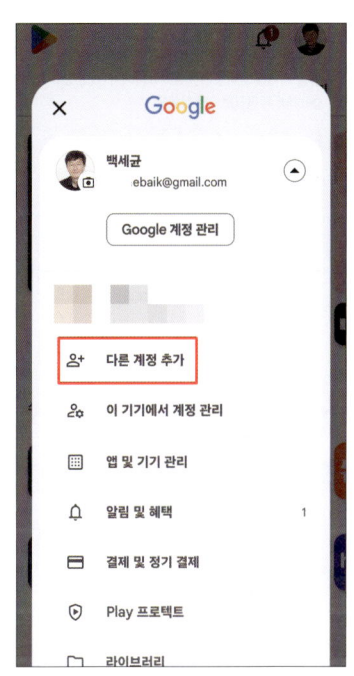

1 [Play 스토어 ▶] 앱을 터치하여 실행합니다. 2 우측 상단의 [프로필 아이콘]을 터치합니다.
3 Google 계정관리에서 [다른 계정 추가]를 선택합니다.

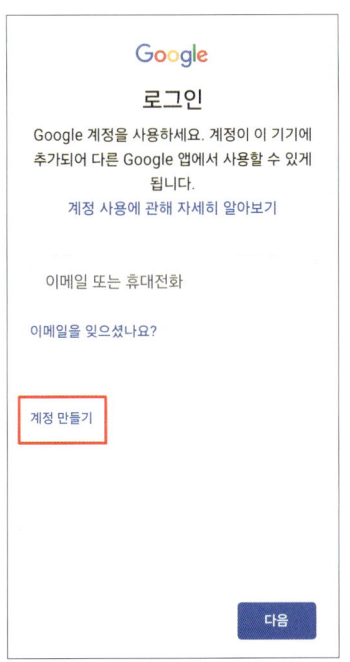  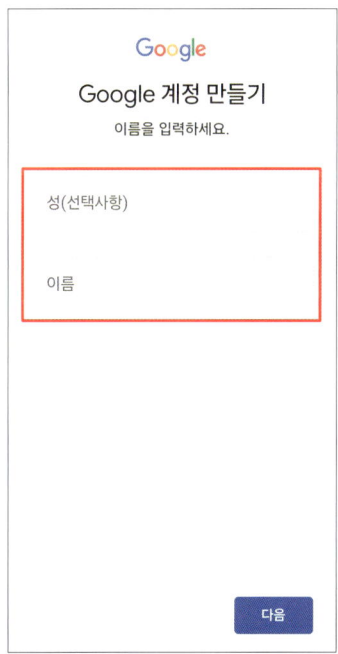

1 [계정 만들기]를 터치합니다. 2 직장용으로 구글 계정을 만드는 것이 아니라면 [개인용]을 터치합니다.
3 [성명]을 입력합니다.

  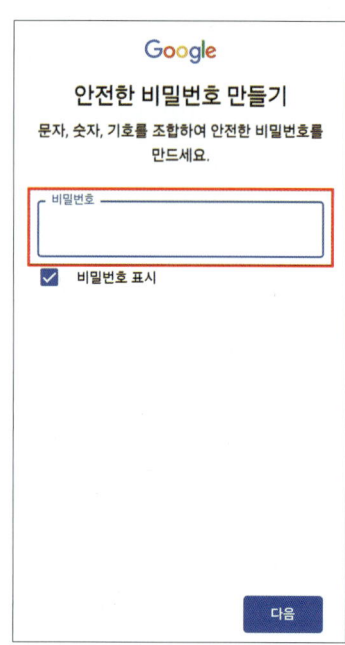

1 [생년월일과 성별]을 입력합니다. 참고로 13세 이하는 구글 계정을 만들 수 없습니다.

2 [Gmail 주소 만들기]를 진행합니다. 구글에서 추천해 주는 이메일 주소 중에서 선택해도 되고 본인이 직접 메일 주소를 만들어도 됩니다. 다만, 다른 사람이 보유하고 있지 않은 주소를 선택해야 합니다.

3 문자, 숫자, 기호를 조합하여 안전한 [비밀번호]를 만듭니다.

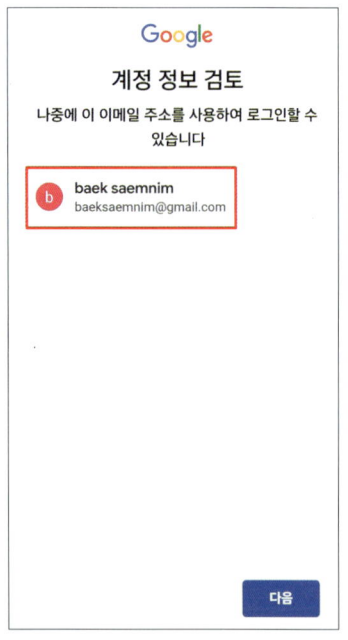  

1 이어지는 [계정 정보 검토] 단계에서 현재까지 만들어진 이름과 Gmail 주소를 확인할 수 있습니다.

2 ① [개인 정보 보호 및 약관]에서 해당 항목에 동의한 후, ② [계정 만들기]를 클릭하여 구글 계정 만들기를 완료합니다.

3 생성된 Gmail로 이후에 챗GPT [회원가입]을 진행합니다.

2 챗GPT 설치하기

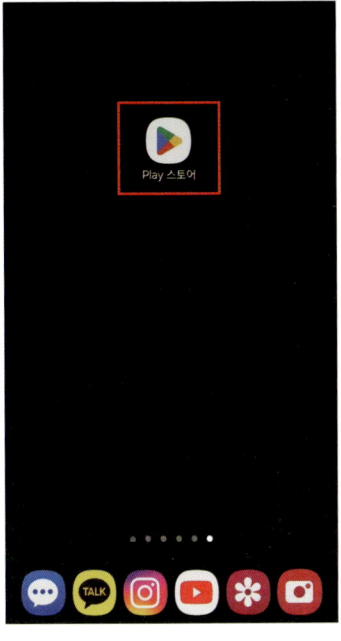 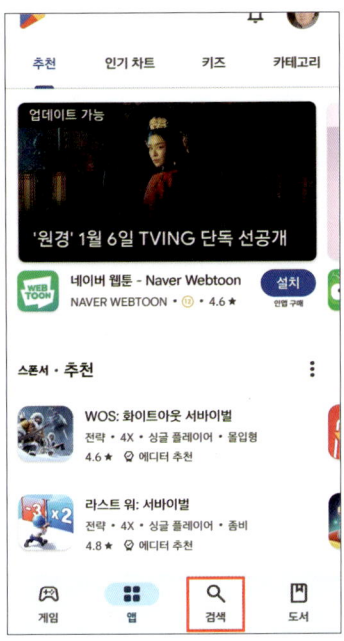 

1️⃣ [Play 스토어 ▶]를 터치합니다.

2️⃣ 화면 아래의 [검색]을 터치합니다.

3️⃣ 화면 상단의 [앱 및 게임 검색]을 터치하여 [챗GPT]를 입력합니다.

  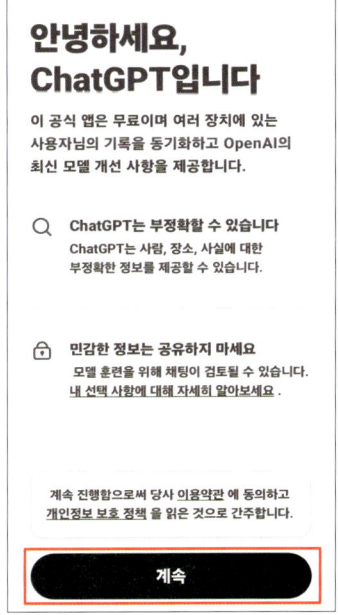

1️⃣ ① 상단의 검색창에 [챗gpt]를 입력하여 앱 조회를 하고, ② [ChatGPT (OpenAI)]를 선택하여 설치합니다.

2️⃣ 설치가 완료되면 [열기]를 터치하여 실행합니다.

3️⃣ 챗GPT가 설치되고 간단한 안내문이 나오면 [계속]을 터치하여 진행합니다.

스마트폰 제대로 배우고 익히면 인생이 즐거워집니다!

3 챗GPT 회원가입 하기

1️⃣ 챗GPT 시작 화면 상단 오른쪽의 **[회원 가입]**을 터치하여 회원가입을 진행합니다. 2️⃣ **[Google로 계속하기]**를 터치합니다. 3️⃣ 나의 구글 계정들 중 하나를 선택하여 챗GPT에 로그인합니다. 앞에서 구글 계정 추가하기로 만든 나의 새로운 구글 계정이 뜹니다.

 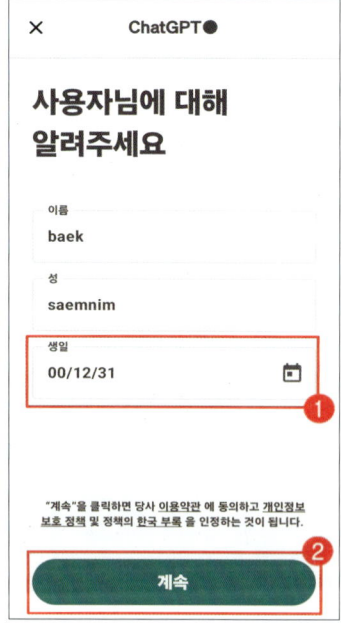 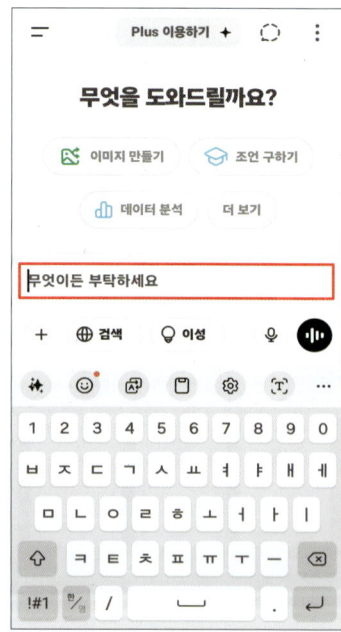

1️⃣ 선택한 구글 계정으로 회원가입 및 로그인이 진행됩니다. **[○○○ 계정으로 계속]**을 터치합니다.

2️⃣ ① 사용자 이름을 확인 후 **[생일]**을 입력합니다. ② **[계속]**을 터치하여 이용약관에 동의 절차를 진행합니다.

3️⃣ **[무엇이든 부탁하세요]** 입력란에 입력하여 챗GPT를 시작합니다.

4 챗GPT 기능 알아보기

① [입력창]은 질문이나 요청을 입력하는 공간입니다.

② [확장 기능 추가]는 이미지, 파일, 예시 데이터, 플러그인 등 다양한 기능이나 자료를 추가할 수 있습니다.

③ [웹 검색]은 실시간으로 인터넷에서 정보를 검색해 반영하는 기능입니다.

④ [이성(아이디어)]은 창의적인 아이디어를 제안하거나 브레인스토밍을 도와주는 기능입니다.

⑤ [음성 입력]은 사용자의 음성을 텍스트로 바꿔주는 기본 음성 입력 기능입니다.

⑥ [음성 대화]는 챗GPT와 음성으로 대화를 주고받을 수 있는 고급 기능입니다.

⑦ [Plus 이용하기]는 유료 요금제(ChatGPT Plus)로 업그레이드하는 메뉴입니다.

⑧ [임시 채팅 시작]은 채팅 기록을 저장하지 않고 대화할 수 있는 기능입니다.

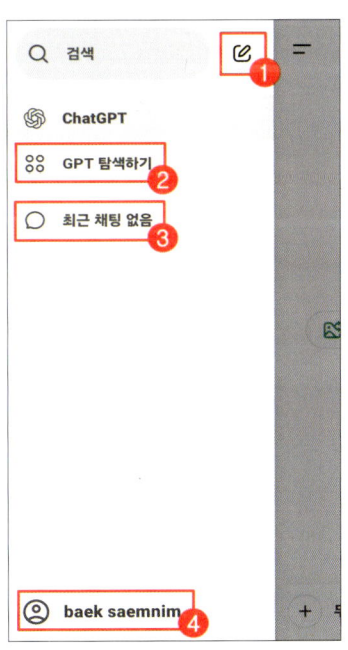

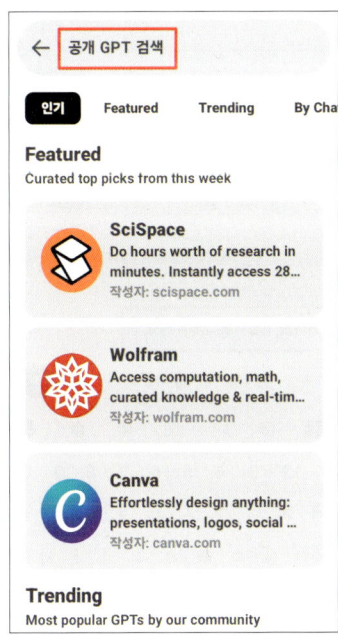

1 [햄버거 모양]버튼은 설정, 계정 정보, 테마 변경 등을 할 수 있는 사이드 메뉴 열기입니다.

2 ① [연필 모양]아이콘은 새 채팅 시작 버튼으로 새로운 대화를 시작할 때 누릅니다. ② [GPT 탐색하기] 기능은 다양한 [공개 GPT]들을 탐색하는 기능입니다. ③ [최근 채팅 없음]은 이전 대화가 없음을 나타냅니다. 향후 챗GPT와 이루어지는 모든 작업들이 이곳에 기록되어 나타납니다. ④ [사용자 프로필]은 현재 로그인된 사용자 계정을 나타내며, 이곳을 터치하여 다양한 설정을 할 수 있습니다.

3 [GPT 탐색하기]를 터치했을 때 나타나는 [공개 GPT] 목록입니다.

5 챗GPT 기능 사용하기

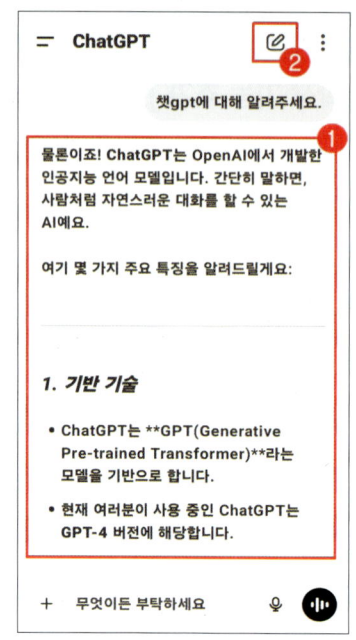
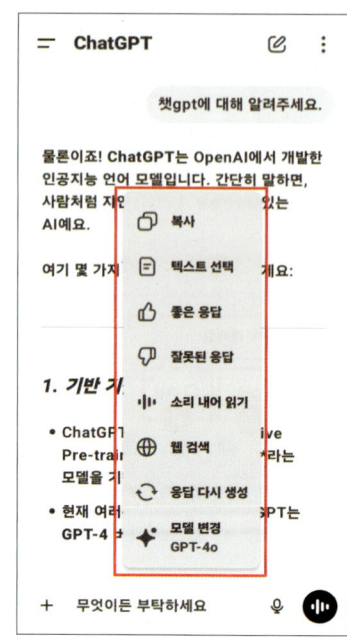

1 ① 입력창에 질문합니다. [**챗gpt에 대해 알려주세요.**]라고 질문을 입력해 보았습니다.

② [**화살표**]버튼 터치하여 질문을 완료합니다.

2 ① 챗GPT가 질문에 대한 답을 합니다. ② 새 채팅을 하려면 [**연필모양**]아이콘을 터치합니다.

3 [**화면의 글자를 터치**]하여 [**복사**], [**소리 내어 읽기**], [**웹검색**], [**응답 다시 생성**] 등의 기능을 수행합니다.

1 [**귀여운 고양이를 그려주세요.**]라고 명령을 해 보았습니다.

2 귀여운 고양이가 그려졌습니다. 챗GPT의 무료 버전에서도 이미지 생성 기능이 제공되나 속도가 느리며 만들 수 있는 이미지의 개수에 제한이 있습니다.

3 ① [**저장**] 버튼을 터치하여 스마트폰의 [**갤러리**]에 저장합니다. ② [**공유**]버튼을 터치하여 카카오톡이나 메시지를 이용하여 친구에게 그림을 공유할 수 있습니다.

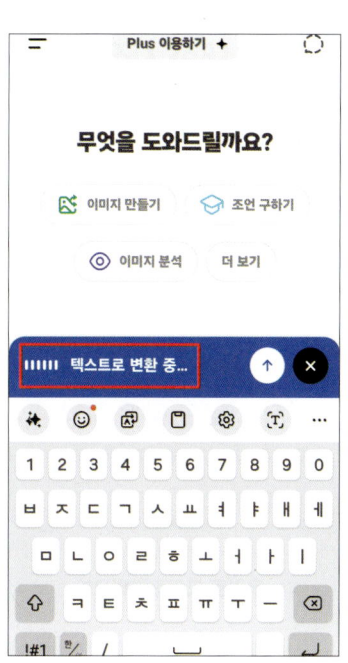

1️⃣ 이번에는 음성으로 질문을 입력해 보겠습니다. **[마이크]** 모양 아이콘을 터치합니다.

2️⃣ ① **[듣는 중...]** 문구와 함께 나의 목소리가 저장됩니다. ② 녹음이 완료되면 **[화살표]** 버튼을 터치합니다.

3️⃣ **[텍스트로 변환 중...]** 이라는 문구와 함께 녹음된 음성이 텍스트로 변환이 됩니다.

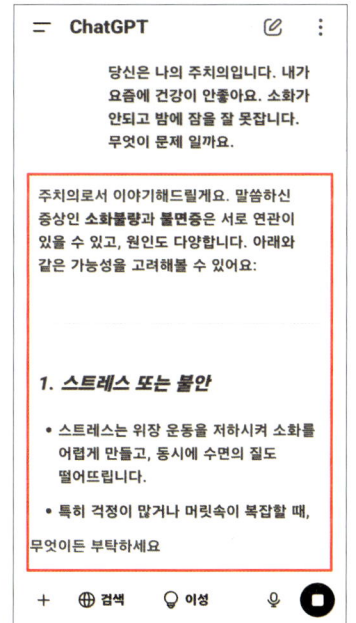
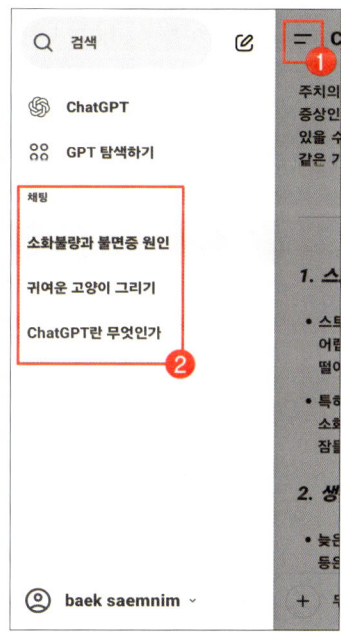

1️⃣ "당신은 나의 주치의입니다. 내가 요즘에 건강이 안 좋아요. 소화가 안 되고 밤에 잠을 잘 못잡니다. 무엇이 문제일까요."라는 나의 음성이 텍스트로 변환되어 입력창에 입력이 됩니다.

2️⃣ 입력된 텍스트에 따라 챗GPT가 답변합니다.

3️⃣ ① 상단 좌측의 **[햄버거]** 모양의 사이드 메뉴 열기를 하면 ② 지금까지 챗GPT와 나누었던 모든 대화가 저장이 되어 있습니다. 해당 질문을 터치하여 대화를 이어갈 수 있습니다.

6 음성 대화 시작하기

챗GPT 음성 모드는 모바일 및 데스크톱에서 제공되며, **[표준 음성]**과 **[고급 음성]**으로 나뉩니다. 표준 음성은 무료 사용자를 포함한 모든 로그인 사용자에게 제공되며, 고급 음성은 Plus, Pro 및 Team 사용자에게 제공되고 있습니다. 또한 일일 사용 제한(45분)이 있으며 무료 사용자에게는 월별 미리보기 형태로 짧게 제공되고 있습니다. 고급 음성 모드는 종료 15분 전에 화면에 알림을 띄워주며, 이후 표준 음성으로 전환됩니다. 고급 음성은 GPT-4o 기술을 사용하여 단순히 음성으로 말하고 듣는 것뿐 아니라 비디오, 화면 공유, 이미지 업로드 같은 다양한 기능을 지원합니다.

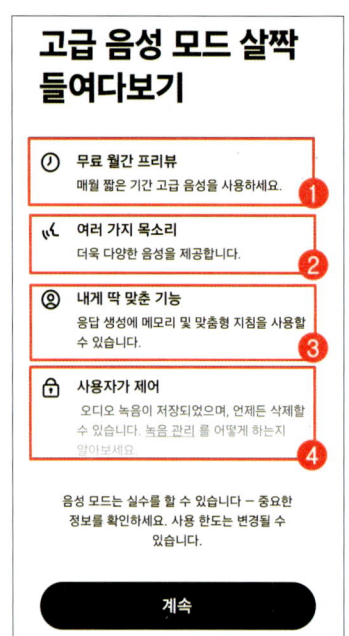

1 화면의 중간 우측에 있는 음성 아이콘이 **[음성 대화 모드]**입니다.

2 음성모드에 처음으로 들어갔다면 간단한 고급 음성 모드 소개 화면이 나옵니다.

  ① **무료 월간 프리뷰:** 무료 사용자의 경우 매월 짧은 시간 동안 고급 음성 모드를 사용할 수 있습니다.

  ② **여러 가지 목소리:** 음성 모드에서 대화할 수 있는 AI 음성을 선택할 수 있습니다. 음성은 남/녀 및 다양한 음성톤에 따라 9가지의 종류가 있습니다.

  ③ **내게 딱 맞춘 기능:** 응답 생성에 필요한 메모리 및 맞춤형 지침을 사용할 수 있습니다. 챗GPT 설정에서 필요한 맞춤형 지침을 넣을 수 있습니다.

  ④ **사용자가 제어:** 대화한 오디오는 자동으로 저장되며, 언제든 재생 및 삭제가 가능합니다.

3 고급 음성 모드 시작 시 대화하고 싶은 음성을 선택할 수 있습니다. 9가지의 다양한 음성을 듣고 선택할 수 있습니다. 선택 후 **[완료]**를 터치하면 음성으로 대화를 시작합니다.

1️⃣ 이번에는 음성으로 질문을 입력해 보겠습니다. **[마이크]** 모양 아이콘을 터치합니다.

2️⃣ ① 중앙에 **[파란색 구슬]**이 있는 화면으로 이동하게 됩니다. ② 화면 하단의 **[마이크]** 아이콘은 마이크 음성을 **[켜기 / 끄기]** 할 수 있습니다.

3️⃣ **[X]** 버튼을 눌러 음성 대화를 종료합니다.

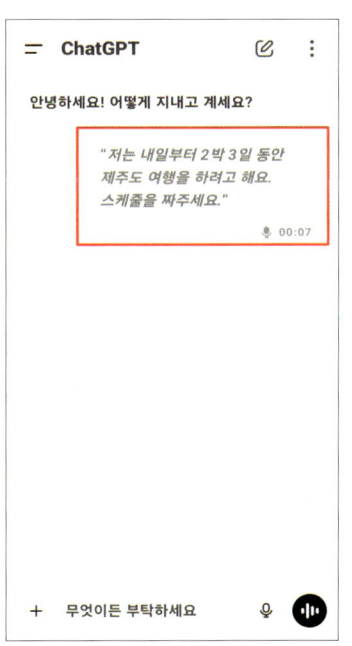
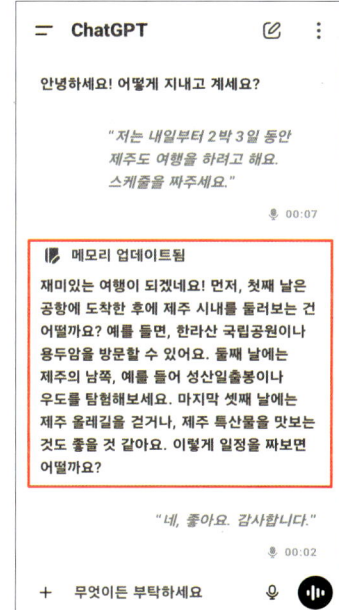

1️⃣ 음성모드를 시작하면 챗GPT와 대화가 시작됩니다. 아래는 대화의 예시입니다. 챗GPT가 인사를 합니다.

2️⃣ 챗GPT에게 제주도 여행 스케줄을 짜달라고 요청합니다.

3️⃣ 챗GPT가 여행 스케줄을 짜서 제시합니다.

1 디지털 세상과 건강하게 동행하기

● 스마트폰, 우리 삶의 새로운 친구

스마트폰은 멀리 있는 자녀와 손주의 얼굴을 보여주고, 궁금한 정보를 바로 찾아주며, 재미있는 영상으로 일상을 채워주는 고마운 친구입니다. 하지만 너무 가까이 지내다 보면, 우리도 모르게 스마트폰 없이는 불안하고 허전한 '디지털 과의존' 상태가 될 수 있습니다. 이번 시간에는 디지털 세상과 건강하게 동행하는 방법을 함께 배워보겠습니다. 구글 계정을 만들어 보겠습니다. 본인의 구글 계정 아이디와 비밀번호를 알고 계신 분은 건너뛰어도 됩니다.

디지털 과의존 관련 용어 알아보기

• **과의존(Overdependence):** 중독(addiction)보다 중립적인 개념으로, 예방·교육의 측면을 강조합니다. 과의존이라는 용어는 회복 가능성을 염두에 두고 개인의 심리적 부담을 줄이도록 만들려는 국내 공식 표현입니다.

• **내성(tolerance):** 점차 "예전과 같은 만족을 위해 더 많은 시간을 써야 하는 상태"를 말합니다.

• **금단증상(withdrawal):** 스마트폰 사용을 줄이거나 중단했을 때 나타나는 증상으로, 예를 들어 스마트폰이 없으면 가슴이 뛰거나 초조해지는 심리적 증상과 손 떨림, 불면·두통 같은 신체적 증상이 있습니다.

• **FOMO (Fear of Missing Out, 소외불안):** 다른 사람이 흥미로운 일을 할 때 자신만 소외된다는 불안감입니다. 예를 들어 "친구들이 다 게임하는데 나만 안 하면 대화에 끼지 못해요."라는 말로 표현됩니다.

2 디지털 과의존, 혹시 나도?

● '중독'과는 다른 '과의존'

'중독'은 질병으로 분류되는 의학적 용어이지만, '과의존'은 사용 습관에 대한 문제에 초점을 맞춘 말입니다. 즉, 조금만 노력하면 건강한 사용 습관을 되찾을 수 있다는 긍정적인 의미를 담고 있습니다. 이는 매우 중요한 구분으로, 과의존 상태에 있는 사람도 자신의 노력과 주변의 도움으로 충분히 건강한 디지털 생활로 돌아올 수 있다는 희망의 메시지를 담고 있습니다.

● 디지털 과의존의 3가지 신호

전문가들은 다음 세 가지 신호가 나타날 때 디지털 과의존을 의심해볼 수 있다고 말합니다. 이 세 가지 신호는 세계보건기구(WHO)와 국내 정부 기관에서도 공식적으로 인정한 진단 기준입니다.

신호	설명	실제 사례
현저성 (Salience)	스마트폰 사용이 일상에서 가장 중요하고 우선적인 활동이 되는 것	• 밥 먹을 때도, 대화 중에도 스마트폰을 확인한다 • 잠들기 전까지 스마트폰을 손에서 놓지 못한다 • 스마트폰 없으면 하루가 불완전하게 느껴진다
조절 실패 (Loss of Control)	스마트폰 사용 시간을 줄이려 했지만, 번번이 실패하는 것	• "10분만 봐야지" 했는데, 1시간이 훌쩍 지나있다 • 스마트폰을 끄거나 멀리 두면 불안하고 초조하다 • 사용 시간을 정해도 지키지 못한다
문제적 결과 (Negative Consequences)	스마트폰 때문에 신체적, 심리적, 사회적 문제가 생기는 것	• 눈이 침침하고 목, 어깨, 손목이 시큰거린다 • 가족, 친구와 대화가 줄고 관계가 소홀해진다 • 스마트폰 때문에 해야 할 일을 미루게 된다

스마트폰 제대로 배우고 익히면 인생이 즐거워집니다!

3 나의 스마트폰 사용 습관 점검하기

다음 질문들을 읽고, 나의 스마트폰 사용 습관을 점검해보세요. '예'가 많을수록 과의존 위험이 높다는 신호일 수 있습니다. 이 체크리스트는 한국정보화진흥원에서 개발한 공식 진단 도구를 어르신들이 이해하기 쉽도록 단순화한 것입니다.

디지털 과의존 자가진단 체크리스트

1. 스마트폰이 없으면 불안하고 초조하다. (☐ 예   ☐ 아니오)

2. 스마트폰 사용 시간을 줄이려고 했지만 실패한 적이 있다. (☐ 예   ☐ 아니오)

3. 스마트폰을 보느라 해야 할 일을 미룬 적이 있다. (☐ 예   ☐ 아니오)

4. 가족이나 친구들이 내가 스마트폰을 너무 많이 본다고 말한 적이 있다. (☐ 예   ☐ 아니오)

5. 스마트폰을 보느라 밤늦게 잠든 적이 자주 있다. (☐ 예   ☐ 아니오)

6. 스마트폰 사용으로 인해 눈이 피로하거나 목, 어깨, 손목에 통증을 느낀다. (☐ 예   ☐ 아니오)

7. 스마트폰 세상이 현실보다 더 즐겁게 느껴진다. (☐ 예   ☐ 아니오)

진단 결과: [예]가 5개 이상이면 전문가의 상담을 받아보시기를 권장합니다.

4 어르신들이 디지털 과의존에 빠지는 이유

우리 어르신들은 왜 스마트폰에 더 깊이 빠져들게 될까요? 여기에는 몇 가지 이유가 있습니다. 이를 이해하는 것이 예방과 개선의 첫 단계입니다.

● 외로움과 사회적 고립감

은퇴 후 사회 활동이 줄어들고, 자녀들이 독립하면서 느끼는 외로움을 달래기 위해 스마트폰을 더 자주 찾게 됩니다. 메신저나 동영상 시청은 외로움을 잊게 해주는 손쉬운 방법이기 때문입니다. 실제로 2025년 동아일보의 보도에 따르면, 사회적으로 고립된 노년층일수록 유튜브와 스마트폰에 중독될 가능성이 크다고 밝혔습니다.

● 새로운 정보와 재미 추구

스마트폰은 뉴스, 건강 정보, 취미 생활 등 무궁무진한 정보를 제공합니다. 새로운 것을 배우고 즐기는 과정에서 시간 가는 줄 모르고 빠져들기 쉽습니다. 특히 어르신들이 평생 경험하지 못한 새로운 콘텐츠들은 더욱 매력적으로 느껴질 수 있습니다.

● 신체적, 정신적 변화

나이가 들면서 기억력이 예전 같지 않고, 새로운 것을 배우는 데 두려움을 느끼기도 합니다. 스마트폰 게임이나 동영상은 복잡한 생각 없이 즐길 수 있어 더 매력적으로 느껴질 수 있습니다. 또한 신체 활동이 제한되면서 스마트폰이 주요 여가 활동이 되는 경향도 있습니다.

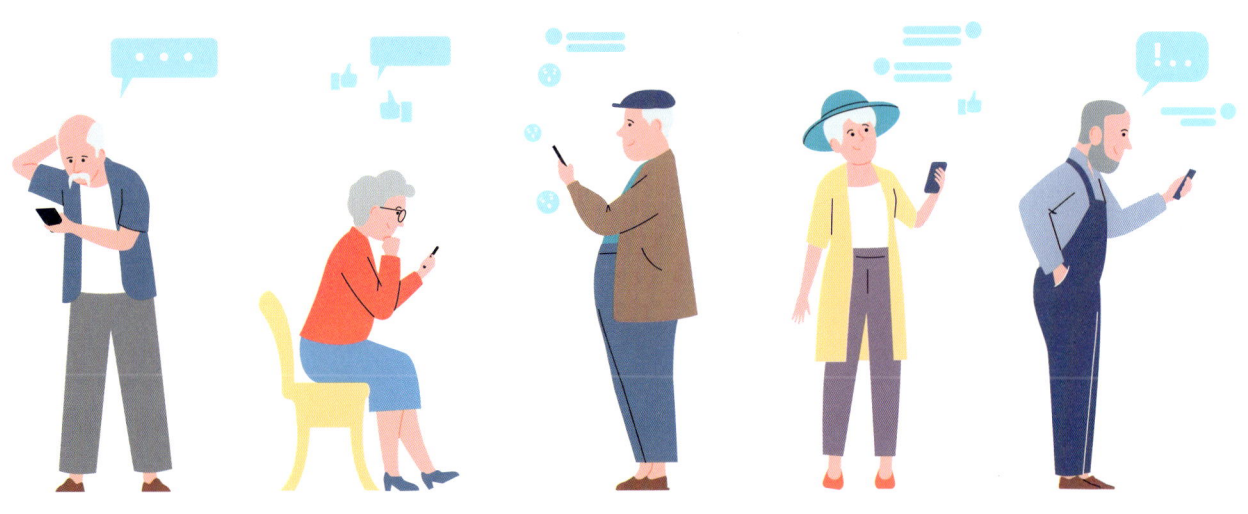

5 건강한 디지털 생활을 위한 6가지 약속

스마트폰을 무조건 멀리하는 것만이 정답은 아닙니다. 우리 삶을 풍요롭게 만드는 도구로 잘 활용하는 것이 중요합니다. 다음 5가지 약속을 통해 건강한 디지털 생활을 시작해보세요.

① 사용 시간 정하기

'하루 2시간만 사용하기', '밤 10시 이후에는 보지 않기'처럼 자신만의 규칙을 정하고 지키려고 노력해보세요. 스마트폰의 '디지털 웰빙' 기능을 활용하면 사용 시간을 쉽게 확인할 수 있습니다. 처음에는 어려울 수 있지만, 일주일 정도 지나면 습관이 형성되기 시작합니다.

② '쉼' 시간 갖기

식사 시간, 잠자리에 들기 전 1시간, 사람들과 대화하는 시간에는 스마트폰을 잠시 멀리 두세요. '스마트폰 쉼 상자'를 만들어 특정 시간에는 그곳에 보관하는 것도 좋은 방법입니다. 이렇게 하면 자연스럽게 스마트폰 없는 시간을 즐기는 법을 배우게 됩니다.

③ 유용한 앱 활용하기

만보기, 약 복용 알림, 치매 예방 게임 등 건강에 도움이 되는 앱을 활용해보세요. 스마트폰을 건강 관리의 동반자로 만들 수 있습니다. 예를 들어, 혈당 관리 앱, 혈압 기록 앱, 인지 훈련 게임 등이 있습니다.

④ 대체 활동 찾기

스마트폰을 보는 대신 할 수 있는 즐거운 활동을 찾아보세요. 산책, 운동, 그림 그리기, 복지관 프로그램 참여 등 새로운 취미는 삶에 활력을 더해줍니다. 특히 다른 사람들과 함께하는 활동은 사회적 고립감을 해소하는 데도 매우 효과적입니다.

⑤ 디지털 디톡스 시간

주 1회 '스마트폰 미사용의 날'을 정해 가족 모임이나 야외 활동에 집중합니다.
예: 저녁 식탁에서 식사 중에는 모두 스마트폰을 내려놓기

⑥ 주변에 도움 요청하기

스마트폰 사용 조절이 어렵다면, 자녀나 친구, 복지관 담당자에게 솔직하게 이야기하고 도움을 요청하세요. 함께 노력하면 훨씬 수월하게 건강한 습관을 만들 수 있습니다. 혼자라고 생각하지 마시고, 주변의 따뜻한 손길을 받아들이세요.

6 함께 만들어요! 건강한 디지털 문화 (국내 성공사례)

디지털과의존 예방의 가족 역할

① 가족 캠프·교육 참여

의성군 등 일부 지자체에서는 드림스타트 가족캠프를 통해 인터넷·스마트폰 중독 예방 강의와 가족 미술 체험, 요리 활동 등을 실시하여 부모·자녀가 함께 학습하고 소통하도록 지원했습니다.

② 걷기·대안 활동 챌린지

서울시 인터넷중독예방센터는 '뚜벅뚜벅 디지털 디톡스 캠페인'으로 청소년과 가족이 함께 걷기 챌린지를 진행했고, 최종 행사에서 가족 단위 대안 활동(운동·게임·체험) 부스를 운영했습니다.
가족이 함께 스마트폰 대신 산책·운동·보드게임 등을 하며 디지털 시간을 줄이는 것이 효과적입니다.

③ 부모·조부모 소통 강화

자녀나 손주와 대화를 늘리고 함께 스마트폰 사용 시간을 규칙적으로 정해주세요. 서울 지역 중독 예방 캠프에서는 부모교육 세션을 통해 가족이 함께 문제를 인식하도록 했습니다.
결국 가족 간 소통과 협력이 디지털과의존 예방의 핵심입니다.

④ 시니어 강사 성장 사례

'스마트폰활용지도사'로 인생 2막을 연 L씨 (68세)] L씨는 복지관에서 스마트폰 교육을 받은 후, 단순히 배우는 것에 그치지 않고 '스마트폰활용지도사' 자격증 과정에 도전했다. 현재 그는 동년배 어르신들에게 키오스크 사용법과 카카오톡 활용법을 가르치는 강사로 활동하고 있다. L씨는 "스마트폰을 배우기 전에는 두려운 기계였지만, 이제는 내가 남을 도울 수 있는 무기가 되었다"고 말한다.1 이 사례는 디지털 기기를 '수동적 소비'의 도구가 아닌 '능동적 생산'과 '사회 공헌'의 도구로 전환했을 때의 긍정적 효과를 보여준다.

7 세계는 지금! 디지털 포용 노력 (해외 성공사례)

해외 여러 나라에서도 어르신들이 디지털 세상에서 소외되지 않도록 돕고 있습니다. 국제적인 추세를 살펴보면 디지털 웰니스가 얼마나 중요한지 알 수 있습니다.

싱가포르 TOUCH 디지털 웰니스 프로그램

싱가포르의 'TOUCH'라는 기관에서는 정부, 기업과 손잡고 어르신들을 위한 '디지털 웰니스 프로그램'을 운영합니다. 스마트폰 교육은 물론, 사이버 보안, 온라인 쇼핑 방법 등을 알려주며 어르신들이 안전하고 즐겁게 디지털 기술을 활용하도록 돕습니다. 이 프로그램을 통해 많은 어르신들이 친구들과 더 활발히 소통하고, 새로운 커뮤니티에 참여하며 활기찬 노년을 보내고 있습니다.

● 프로그램 특징

- **대상:** 60세 이상 노인
- **파트너:** 싱가포르 정부 정보통신미디어청(IMDA), 기업, 교육기관
- **교육 내용:** 정기 훈련 세션, 사이버보안, 앱 사용법, 온라인 플랫폼 및 거래, 사이버 웰니스
- **접근 방식:** 신체 건강과 정신 건강을 모두 고려한 통합적 웰니스

● 실제 사례

> 온라인에는 의미 있게 시간을 보낼 수 있는 것들이 정말 많아요. 운동도 하고, 친구들과 이야기도 나누고, 가족들과 영상통화도 할 수 있죠
>
> – 리 유에 초이(Lee Yue Choi, 75세), 프로그램 참여자 –

8 몸을 살리는 과의존 예방 체조

디지털 기기 사용으로 굳어진 근육을 풀고 뇌 혈류량을 늘리는 필수 운동이다.

● 거북목 탈출 스트레칭 (매시간 1회)

① **도리도리 운동:** 허리를 펴고 앉아 고개를 좌우로 천천히 끝까지 돌려준다. (10회)
② **이중턱 만들기 (Chin Tuck):** 손가락을 턱에 대고 뒤통수 쪽으로 수평으로 밀어 넣어 '이중턱'을 만든다. 10초간 유지하며 뒷목이 늘어나는 것을 느낀다.
③ **하늘 보기:** 양손 깍지를 껴서 엄지로 턱을 받치고, 천천히 고개를 뒤로 젖혀 목 앞쪽 근육을 이완한다.

● 뇌신경 자극 손가락 체조 (핑거로빅스)

① **주먹 쥐고 펴기:** 양손을 힘껏 쥐었다가 쫙 펴기를 빠르게 반복한다. 뇌 혈류량을 즉각적으로 증가시킨다.

② **지휘자 운동:** 양손의 엄지와 검지, 엄지와 중지, 엄지와 약지, 엄지와 소지를 순서대로 맞댄다. 익숙해지면 노래를 부르며 박자에 맞춰 진행한다.

③ **엇갈려 접기:** 왼손은 주먹 쥐고 오른손은 펴고, 동시에 반대로 바꾸는 동작을 반복한다. 좌뇌와 우뇌의 연결성을 강화한다.

● 눈 피로 회복 (눈 요가)

① **근 조절:** 엄지손가락을 눈앞 30cm에 두고 바라보다가, 창밖 먼 곳을 바라본다. 이를 10회 반복하여 눈의 조절 근육을 풀어준다.

② **눈 깜빡임:** 의식적으로 4초에 한 번씩 눈을 깜빡여 안구 건조를 예방한다.

도움이 필요할 땐 어디로?

스마트폰 과의존 문제로 어려움을 겪고 있다면, 혼자 고민하지 마세요.
전문가의 도움을 받을 수 있는 기관들이 있습니다.

● 스마트쉼센터

- 전　화: 1599-0075
- 누리집: www.iapc.or.kr
- 소　개: 전국 어디서나 상담과 교육을 받을 수 있는 스마트폰 과의존 전문 상담 기관입니다. 가정 방문 상담도 가능하며, 경험 많은 전문 상담사가 개인의 상황에 맞춘 맞춤형 상담을 제공합니다.

● 지역 정신건강복지센터 및 노인복지관

- 소　개: 거주하고 계신 지역의 정신건강복지센터나 노인복지관에서도 관련 상담과 교육 프로그램을 찾을 수 있습니다. 디지털 교육뿐만 아니라 다양한 취미, 여가 프로그램을 통해 새로운 즐거움을 발견하고 비슷한 연배의 친구들을 사귈 수 있습니다.

36강 유용한 사이트 소개

1 스마트쉼센터

● 인터넷, 스마트폰 과의존으로 어려움을 겪고 있는 사람들을 위해 과의존 진단을 받을 수 있으며 상담이 필요한 경우 온라인 상담 및 센터내방상담, 가정방문상담으로 도움을 주는 센터입니다.

● 기관에서 예방교육을 신청할 수 있으며 자료실에서 콘텐츠 교육자료, 상담사례를 참고할 수 있습니다.

● 스마트폰 과의존 상담 전문인력을 양성하고 전국에 18개 스마트쉼센터가 운영되고 있습니다.

2 스마트초이스

● 통신서비스 이용자에게 통신요금, 통신서비스 관련 정보를 알기 쉽고 체계적으로 제공하기 위해 한국 통신사업자 연합회에서 운영하는 통신요금 정보포털 사이트입니다.

● 이동전화 요금제 추천과 요금 할인 단말기 지원금 조회, 분실·도난 단말기 조회, 통신 미환급금 조회 등을 확인할 수 있으며 eSIM이 탑재된 스마트폰도 가입, 해지, 번호이동이 가능합니다.

3 더치트(thecheat.co.kr)

더치트는 2006년 1월 4일 비영리로 개설된 국내 최초의 사기 피해 정보공유 사이트이며, 사기피해사례 공유를 통한 사기피해 재발방지 및 피해자 간 공동대응을 목적으로 운영되고 있습니다. 모바일 앱도 이용할 수 있습니다.

중고거래 특성상 소액의 경우 수수료가 아까워서 그냥 선입금 해 버리는 경우가 있는데 그러면 중고 사기의 위험성이 높아집니다. 이와 같은 중고거래 사기이를 막기 위해서 제공되는 서비스가 바로 더치트입니다. 더치트는 문제가 있는 사용자의 이름이나 아이디 휴대폰 번호로 계좌번호 등을 공유하는 사이트라고 합니다. 피해자들의 자발적 신고로 데이터베이스가 쌓여 있기 때문에 신뢰도가 높은 편입니다. 그럼에도 불구하고 등록된 데이터가 없는 경우도 있어서 주의를 필요로 합니다.

더치트를 이용하더라도 모든 피해를 막거나 확인이 불가능한 경우도 있기 때문에 안심할 수는 없습니다. 가급적 지역 주민과 바로 직거래할 수 있는 플랫폼 이용을 권장합니다. 꼭 택배를 통한 중고거래를 해야 겠다면 앞서 언급한 것처럼 더치트를 통해 먼저 조회를 해보시는 게 좋습니다.

만약 판매자가 선입금을 하라고 하면 입금은 절대 하지 말고 에스크로 또는 네이버페이 등 안전거래를 이용하도록 합니다. 물론 수수료는 구매자가 부담하는 조건으로 제시하면 웬만해선 판매자도 오케이 합니다. 때문에 안전 거래를 하는 것이 좋습니다.

4 건강e음

건강보험심사평가원의 모바일 앱 서비스인 『건강e음』은 기관 홈페이지(www.hira. or.kr)의 주요 조회·신청서비스를 모바일 환경에서 쉽고 편리하게 이용할 수 있도록 구성하였습니다.

● 건강e음 주요서비스

※ **비급여 진료비 정보:** 의료기관에서 제출한 비급여 진료비용의 가격 등을 확인하여 공개함으로써, 해당 의료기관의 적정한 비급여 제공과 의료기관을 이용하는 환자의 합리적인 선택을 돕습니다.

※ **내 진료정보 열람:** 내가 낸 진료비, 총 진료비 등과 진료내역, 처방조제내역 등의 정보를 확인할 수 있습니다.

※ **나의 건강수첩:** 올 한 해의 한방 추나요법, 치과 스케일링, 물리치료, 응급진료, 방사선단순영상 촬영 횟수 등 나의 의료이용 정보를 확인할 수 있습니다.

5 응급 의료 정보제공

보건복지부는 응급의료 수요 증가 및 급변하는 IT(정보기술) 환경에 부응하기 위하여 스마트폰을 이용한 응급의료 관련 정보제공을 시작합니다.

● [응급의료정보제공 앱 주요 기능]

※ **지도 중심으로 실시간 진료 가능한 병원 찾기**

   - 내 위치를 중심으로 주변 병의원 및 약국을 검색할 수 있습니다.

※ 즐겨찾기로 자주 가는 병의원 및 약국 모아 보기

- 자주 가는 병원을 즐겨찾기에 등록하고, 등록된 병원의 상세정보를 빠르게 찾을 수 있습니다.

※ 응급실 상황 한눈에 보기

- 현재 위치를 기반으로 각 응급실의 세부 상황을 한눈에 파악할 수 있습니다.

※ 야간/주말 진료 가능한 병원 찾기

- 야간이나 주말에 현재 운영 중인 병의원 및 약국을 빠르게 찾을 수 있도록 아이콘을 제공하고 있습니다.

※ 현 위치 중심으로 내 주변 AED 찾기

- 내 주변에 있는 AED(자동 심장 충격기)를 빠르게 찾을 수 있고, 점검 상태를 알 수 있습니다. (60일 이내 점검 여부)

※ 명절 응급의료기관(휴일지킴이약국)찾기

- 명절 시기에 운영하는 병의원 및 약국을 조회할 수 있습니다.